LES BIBLIOGRAPHIES NOUVELLES
(Collection du *Bulletin du Bibliophile*)
N° XII

FRÉDÉRIC LACHÈVRE

BIBLIOGRAPHIE SOMMAIRE
DE
L'ALMANACH DES MUSES
(1765-1833)

DESCRIPTION ET COLLATION DE CHAQUE ANNÉE. — TABLES : 1° DES AUTEURS ET DU NOMBRE DE LEURS PIÈCES (1550 ENVIRON); 2° DES ÉCRIVAINS ÉTRANGERS TRADUITS OU IMITÉS (125 ENVIRON); 3° DES PRINCIPAUX NOMS DE PERSONNES AUXQUELLES LES PIÈCES SONT ADRESSÉES OU QUI ONT ÉTÉ L'OBJET DE PORTRAITS, ÉPIGRAMMES, ETC. (800 ENVIRON); 4° DES PRINCIPAUX SUJETS TRAITÉS DANS LES POÉSIES (200 ENVIRON); 5° DES AIRS GRAVÉS OU IMPRIMÉS; 6° DU TITRE ET DU PREMIER VERS DES PIÈCES D'UN CERTAIN NOMBRE D'AUTEURS.

PARIS
L. GIRAUD-BADIN
LIBRAIRE DE LA BIBLIOTHÈQUE NATIONALE
ET DE LA BIBLIOTHÈQUE DE L'ARSENAL
128, BOULEVARD SAINT-GERMAIN, 128
—
1928

BIBLIOGRAPHIE

DE

L'ALMANACH DES MUSES

(1765-1833)

BIBLIOGRAPHIES DU MÊME AUTEUR

Bibliographie des recueils collectifs de poésies du XVIe siècle, du *Jardin de Plaisance 1502*, aux *Recueils de Toussaint du Bray, 1609*, donnant : 1° la description et le contenu des recueils ; 2° une table générale des pièces anonymes ou signées d'initiales (titre et premier vers) avec l'indication des auteurs pour celles qui ont pu être attribuées. Paris, 1922. In-4 de XIII et 613 pp. chiff. Tiré à 350 exemplaires.

Prix Brunet (Académie des Inscriptions et Belles-Lettres, 1924).

Bibliographie des recueils collectifs de poésies publiés de 1597 à 1700, donnant : 1° la description et le contenu des recueils ; 2° le premier vers des pièces de chaque auteur précédées d'une notice bio-bibliographique ; 3° une table générale des pièces anonymes avec l'indication des noms des auteurs de celles qui ont pu être attribuées ; 4° la reproduction des pièces qui n'ont pas été relevées par les derniers éditeurs des poètes figurant dans les recueils collectifs ; 5° une table des noms cités, etc. Paris, 1901-1905. 4 vol. in-4 de IX et 2371 pp. Tiré à 350 exemplaires numérotés (*Épuisé*).

Souscription du Ministère de l'Instruction publique. — Prix Brunet (Académie des Inscriptions et Belles-Lettres, 1906).

Les recueils collectifs de poésies libres et satiriques publiés depuis 1600 jusqu'à la mort de Théophile (1626). Bibliographie de ces recueils et bio-bibliographie des auteurs qui y figurent, donnant : 1° l'historique et la description de chaque recueil ; 2° les pièces de chaque auteur (titre et premier vers) ; 3° une table générale des pièces anonymes avec les noms des auteurs pour celles qui ont pu être attribuées. Suivie du dépouillement de plusieurs recueils imprimés et manuscrits, etc. In-4 de 8 ff. et 601 pp. chiff. Tiré à 305 exemplaires numérotés.

Mention très honorable (Prix Brunet, 1915) de l'Académie des Inscriptions et Belles-Lettres.

Id. — Supplément. Additions et corrections. In-4 de 97 pp. Tiré à 255 exemplaires.

Bibliographie des ouvrages de Gacon (le Singe de Boileau). Paris, L. Giraud-Badin. In-8 de 23 pp. Tiré à 50 exemplaires.

FRÉDÉRIC LACHÈVRE

BIBLIOGRAPHIE SOMMAIRE DE L'ALMANACH DES MUSES (1765-1833)

DESCRIPTION ET COLLATION DE CHAQUE ANNÉE. — TABLES : 1° DES AUTEURS ET DU NOMBRE DE LEURS PIÈCES (1550 ENVIRON); 2° DES ÉCRIVAINS ÉTRANGERS TRADUITS OU IMITÉS (125 ENVIRON); 3° DES PRINCIPAUX NOMS DE PERSONNES AUXQUELLES LES PIÈCES SONT ADRESSÉES OU QUI ONT ÉTÉ L'OBJET DE PORTRAITS, ÉPIGRAMMES, ETC. (800 ENVIRON); 4° DES PRINCIPAUX SUJETS TRAITÉS DANS LES POÉSIES (200 ENVIRON); 5° DES AIRS GRAVÉS OU IMPRIMÉS; 6° DU TITRE ET DU PREMIER VERS DES PIÈCES D'UN CERTAIN NOMBRE D'AUTEURS.

PARIS
L. GIRAUD-BADIN
LIBRAIRE DE LA BIBLIOTHÈQUE NATIONALE
ET DE LA BIBLIOTHÈQUE DE L'ARSENAL
128, BOULEVARD SAINT-GERMAIN, 128

1928

A FERNAND VANDÉREM

Cordial Hommage.

F. L.

PLAN DE L'OUVRAGE

Cette *Bibliographie* de l'*Almanach des Muses* a été réduite au minimum, de façon à constituer un sérieux instrument de travail. Exécutée sur le modèle de nos *Bibliographies des recueils collectifs de poésies des XVIe et XVIIe siècles*, elle aurait demandé un effort dépassant — et de beaucoup — l'intérêt que présentait le dépouillement des 70 volumes(1) de cette collection, aussi nous sommes-nous borné, après avoir fait l'*historique* de l'*Almanach des Muses*, à donner la *collation* et la *description de chaque année* avec l'*indication des auteurs qui y figurent* et le *nombre de leurs pièces*. Puis nous avons dressé les tables suivantes :

I. Des Auteurs (1550 environ) et du nombre de leurs pièces (9500 environ).

II. Des Ecrivains étrangers traduits ou plutôt imités (125 environ).

III. Des *principaux* noms de personnes auxquelles les pièces sont adressées ou qui ont été l'objet de portraits, éloges, épigrammes, satires, etc., etc. (800 environ).

IV. Des principaux sujets traités dans les poésies : événements politiques, découvertes scientifiques : aérostation, etc., etc. ; questions sociales : célibat des prêtres, etc., etc. (200 environ).

V. Des airs gravés ou imprimés.

VI. Du titre et du premier vers des pièces d'un certain

(1) Y compris les deux éditions de 1765 et le volume des *Pièces retranchées*, 1781. Nous n'avons pas dépouillé — et pour cause — *L'Esprit de l'Almanach des Muses depuis sa création jusqu'à ce jour*, Paris, 1813, 2 vol. in-12.

nombre d'auteurs plus ou moins célèbres, particulièrement de 1810 à 1833.

Les tables II à V précisent l'année et indiquent la pagination de la pièce.

Par contre, nous nous sommes abstenu d'établir la *Table générale des pièces anonymes ou signées d'initiales.* Ces pièces étant généralement insignifiantes, nous n'avons fait aucune recherche pour découvrir leurs auteurs. Mais, même avec ces lacunes volontaires, cette *Bibliographie sommaire de l'Almanach des Muses* fait à ce recueil la petite place — non négligeable — qu'il doit tenir dans l'histoire de la poésie française aux XVIIIe et XIXe siècles.

AVANT-PROPOS

L'*Almanach des Muses* a toujours eu une mauvaise presse(1). Pendant toute la durée de sa publication — près de trois quarts de siècle — il a été l'objet d'épigrammes acérées ainsi que les auteurs qui lui envoyaient leurs productions. Est-ce à dire que les critiques étaient sans fondement? Sans aucun doute elles frappaient souvent juste, mais empressons-nous d'ajouter, il ne pouvait en être autrement. Dès l'instant que son fondateur Sautreau de Marsy et ses successeurs faisaient appel à tous les fervents de la Muse, la quantité des poésies l'emportait sur la qualité, l'universelle médiocrité sur le talent de quelques rimeurs. Il ne convient pas cependant de juger l'*Almanach des Muses* à ce point de vue étroit. Cette collection est autre chose, c'est le reflet du mouvement poétique pendant une des périodes les plus troublées de notre histoire nationale, depuis les dernières années du règne de Louis XV jusqu'au début du règne de Louis-Philippe, en passant par Louis XVI, la Révolution, la Terreur, le Directoire, le Consulat, l'Empire, Louis XVIII et Charles X. Elle s'arrête au moment où le *Romantisme* triomphe avec Victor Hugo, Lamartine et Alfred de Vigny. Ce renouveau poétique est en germe dans les *Almanachs des*

(1) Notamment dans le *Petit Almanach de nos grands hommes* de Rivarol et Champcenetz où les rimeurs de l'*Almanach des Muses* sont spirituellement exécutés. Mercier dans son *Tableau de Paris* avait été aussi cruel, etc., etc.

Muses antérieurs à 1824, la génération spontanée n'existant ni dans la nature, ni dans la littérature. Il va de soi que les prosateurs plus encore que les rimeurs ont apporté leur contribution à la naissance du romantisme : cette constatation ne doit cependant pas faire méconnaître l'apport de ces derniers. M. Estève a mis en pleine lumière les origines du romantisme et cela sans remonter au déluge :

« C'est ce laps de soixante années entre la publication de la *Nouvelle Héloïse* (1759) et la date de 1824 où le défi de l'académicien Auger ayant été relevé par les rédacteurs de la *Muse française*, il y a désormais une école romantique qui mesure la durée de ce qu'on peut appeler le pré-romantisme. Cette période empiète légèrement d'une part sur les dernières années du règne de Louis XV, de l'autre sur les premières années de la Restauration. Le centre qui en est constitué par le règne de Louis XVI, la Révolution et l'Empire, présente, au point de vue littéraire, une physionomie originale, et en dépit de la coupure apparente produite par les événements de 1789 et de 1793, une parfaite cohésion. Cette époque est une époque de fermentation politique et sociale, de troubles civils et d'agitations guerrières. La littérature y passe forcément au second plan. Elle est effacée et elle est pauvre, pauvre du moins en œuvres qui comptent. On ne rencontre guère, au cours de ces soixante années, que quatre ou cinq grands écrivains. Mais les littérateurs y abondent. Il n'y en a point qui aient du génie. Il y en a beaucoup plus qu'on le croit qui ont du talent. Que leur manque-t-il? Il leur manque ce qui ne s'acquiert pas d'un jour à l'autre, ce qui ne se crée qu'à force d'essais, de tâtonnements, d'avortements et d'échecs. Il leur manque un idéal littéraire. Il leur manque le moyen de réaliser cet idéal. Ils s'efforcent, ils cherchent, ils ne trouvent pas, ou ils ne trouvent rien qui vaille. Ils veulent faire du neuf avec du vieux. Ils ont des choses à dire qu'avant eux on n'avait pas dites, mais ils ne savent comment les dire. Faute de mieux, ils les disent avec des mots affaiblis, avec des images usées, avec tous les artifices d'une rhétorique surannée et ridicule.

Il faut que la littérature passe par cette période de dégénérescence et de décomposition, avant de renaître à la beauté et à la vie. Dans ces limbes, à la lueur douteuse du crépuscule qui fait qu'ils se ressemblent tous, s'ajoutent des fantômes d'écrivains autour d'œuvres incolores. Mais l'œil y devine parfois ces vagues blanches qui précèdent l'aurore et qui annoncent de loin le soleil. Au sein de cette obscurité, des formes d'art s'ébauchent, ternes chrysalides ou larves monstrueuses, d'où sortiront un jour les brillants papillons du romantisme (1)... »

Voilà une des raisons qui expliquent et justifient cette *Bibliographie sommaire*.

Nous n'analyserons pas le contenu de l'*Almanach des Muses*, les diverses tables que nous avons dressées tenant lieu de cette analyse. Si on veut glaner dans cette collection, on n'a que l'embarras du choix. Nombre de pièces, sans valeur littéraire, sont à retenir à d'autres titres, mais ce n'est là que l'accessoire. Notre but principal a été d'éviter aux érudits de parcourir 70 volumes en permettant de connaître en quelques instants la production intégrale des rimeurs de l'*Almanach des Muses* de 1765 à 1833, de pouvoir dater un certain nombre de leurs poésies et de faciliter la découverte de celles qu'ils ont volontairement écartées de leur œuvre le jour où ils se sont décidés à la publier.

Avons-nous réussi à mener à bien la tâche que nous nous sommes assignée? Il nous est impossible de l'affirmer, mais nous avons fait de notre mieux.

(1) Edmond Estève, *Études de littérature pré-romantique*, 1923.

L'ALMANACH DES MUSES (1)

L'*Almanach des Muses* a été lancé par Sautreau de Marsy, il a présidé à ses destinées de 1765 à 1793 avec le concours de Joseph Mathon de la Cour pour les années 1766, 1767, 1768 et 1769. Etienne Vigée lui a succédé pour la période 1794-1820, après avoir été le collaborateur de l'*Almanach* depuis 1778 et probablement son éditeur responsable à partir de 1789. Viennent ensuite Justin Gensoul de 1821 à 1829 et Jules Lesguillon de 1830 à 1833.

Jusqu'en 1794 un frontispice gravé sert de titre : sa composition, renouvelée chaque année, est presque toujours dessinée et gravée par Poisson. On en trouvera les descriptions dans cette *Bibliographie*. De 1795 à 1805 un frontispice de Queverdo, Maréchal, Monnet et Marillier est placé en face du titre imprimé. Le plus original est celui de 1803 dû à Ernest Dupré, il représente des religieuses affublant l'*Amour* de l'attirail monastique. — 1806 n'a pas de frontispice. — 1807, titre avec vignette. — 1808 à 1812, front. et titre gravé. — 1813 et 1814 titre gravé. — 1815 et 1816, front. et titre gravé. — 1817, titre gravé. — 1818, front. et titre gravé. — 1819 et 1820 titres gravés. — 1821, front. et titre gravé. — 1822, titre gravé. — 1823, front. et titre gravé. — 1824 à 1827, titres gravés. — 1828 à 1833, titre imprimé.

(1) Cette description de l'*Almanach des Muses* est faite sur l'exemplaire que nous avons en mains (ex meis.).

En dehors des pièces adressées par les correspondants bénévoles que l'éditeur, dans les premières années (jusqu'à 1772), accompagne souvent de notes caustiques, l'*Almanach des Muses* est complété par une « Notice de tous les ouvrages de poésie qui ont paru chaque année ». Dans cette notice figurent tous les recueils de vers signés ou anonymes, même les plaquettes les plus insignifiantes, les pièces de théâtre en prose et en vers, représentées et non représentées. Leurs titres sont suivis d'une analyse plus ou moins étendue et d'un jugement sommaire. Rendons cette justice à Sautreau de Marsy et à ses successeurs qu'ils n'épargnent même pas les fournisseurs les plus assidus de l'*Almanach*. Cette partie curieuse présente un véritable intérêt *au point de vue bibliographique* parce qu'elle est *sans lacunes* : on la chercherait vainement ailleurs aussi complète.

Quelques années seulement possèdent des airs gravés ou imprimés.

Un avis de l'éditeur placé en tête de l'année 1767 explique et justifie une anomalie typographique : De 1767 à 1795 les lettres capitales sont supprimées au commencement de chaque vers.

L'année 1793 offre cette particularité que les auteurs qualifiés « Monsieur » au bas de leurs poésies, se voient transformés en « Citoyen » à la table, tout simplement parce que l'impression de l'*Almanach* était commencée avant que le nouvel usage fût établi. Les « citoyens » ne disparaîtront qu'avec l'année 1804.

Les exemplaires de l'*Almanach des Muses* se vendaient brochés, reliés en veau ou en maroquin. Il était tiré 50 exemplaires sur papier de Hollande.

Voici quelques prix :

1774 : les 10 volumes parus 12 livres, soit 1 liv. 4 sols, brochés ; les exemplaires sur Hollande, 3 liv. brochés. —

1776 : les années 1774 à 1776, 1 liv. 10 s. ; sur hollande, 4 livres ; les 12 vol. parus 48 livres, reliés en maroquin, dorés sur tranches, trois filets sur les plats ; 30 liv. en veau fauve, veau écaillé ou veau gros marbré, dorés sur tranche ; 21 liv. 12 s. en reliure ordinaire ; 15 liv. 6 sols brochés. — 1788 : 1 liv. 10 s. sur Hollande. — 1789 : 1 liv. 16 s. — 1794 : 48 s. — 1797 : 36 et 48 s. franc de port.

Le succès de l'*Almanach des Muses* a fait naître une quantité innombrable d'imitations. L'existence du plus grand nombre s'est bornée à une année ou deux ; quelques-unes cependant ont parcouru une assez longue carrière, particulièrement au début du XIXe siècle. Citons l'*Almanach littéraire ou Etrennes d'Apollon* 1773-1793 et 1801-1806 ; l'*Almanach des Grâces* 1784-1795 et 1804-1807 ; le *Nouvel Almanach des Muses* 1802-1813 ; l'*Almanach des Dames* 1802-1840 ; le *Petit Almanach des Dames* 1811-1832 ; etc., etc. En dehors de ces publications, les recueils de poésies publiés chaque année sous divers titres se rattachant à la série des Almanachs se multiplient. Le plus important et le plus célèbre d'entre eux : les *Annales romantiques* commencent en 1823 sous le titre de *Tablettes* et finissent en 1836. A partir de 1830 les *Keepsakes* littéraires (1) font une telle concurrence aux *Almanachs poétiques* que l'*Almanach des Muses* est obligé de disparaître avec l'année 1833 au moment où il aurait pu prendre un nouvel essor.

(1) Nous publierons également une *Bibliographie sommaire des Keepsakes littéraires et des recueils collectifs de poésies ou mélangés de vers et de prose publiés de 1823 à 1848.*

L'ALMANACH DES MUSES

Description et collation de chaque année, avec les noms des auteurs et le nombre de leurs pièces.

1765 (A). *L'Almanach* | *des Muses,* | *contenant* | *Un choix des meilleures Pièces de Poésies* | *fugitives, qui ont paru en 1764:* | *avec des remarques.* | *A Paris.* | *M.DCC.LXV (1765).* In-12.

6 pp. chiffr. pour le titre et l' « Avertissement », 6 ff. n. chiffr. pour le Calendrier de 1765, 165 pp. chiffr. et 1 f. pour la fin de la Table et l'Approbation du 18 novembre 1764 sig. Bret.

Voici le texte de l' « Avertissement » :

« Parmi la foule des Almanachs de toute espèce qui renaissent exactement chaque année, il en est plusieurs d'utiles et quelques-uns d'assez curieux. Tous les autres ne sont que de petits Recueils composés au hazard de Chansons médiocres et souvent anciennes, ou d'Anecdotes peu vraisemblables et faites pour le Peuple.

« On entreprend d'en donner un pour les Gens de goût.

« C'est un Recueil fait avec soin des meilleures Pièces de Poésies fugitives publiées dans le cours de l'année dernière, soit dans les différens Journaux (1), soit séparément. Il est aisé d'imaginer quelle supériorité cet Almanach doit avoir par sa nature sur les autres Ouvrages du même genre. Bien différent de ceux qui, le dernier Décembre, perdent sans

(1) NOTE. — *Le Journal des Dames* est un des ouvrages périodiques qui a le plus contribué à augmenter cette Collection. Ce journal, depuis qu'il est entre les mains de Madame de *Maison-neuve,* sort avec éclat de l'obscurité à laquelle il sembloit condamné.

ressource leur agrément et leur utilité, l'*Almanach des Muses* de cette année ne cessera point d'être un Livre de Littérature agréable l'année prochaine. Dans la suite, il deviendra le Recueil le plus complet qui aura jamais paru de toutes les Poésies fugitives qui méritent d'être conservées; il servira à faire voir les changemens successifs du goût dans ce genre de Poésie; et cette entreprise, exécutée avec un discernement sévère, fera peut-être regretter aux Gens de lettres de ne l'avoir pas vu commencer plûtôt.

« On a cru devoir rendre ce Recueil le moins volumineux qu'il a été possible, en n'y insérant que des Pièces où l'on a remarqué du talent; et si l'on n'a pu rassembler toutes celles où il s'en trouve, on se flatte qu'on en trouvera dans toutes celles que l'on a choisies.

« Certains Critiques, qui vont publiant sans cesse que le goût de la Poésie s'affoiblit tous les jours parmi nous, verront dans ce choix la meilleure réponse que l'on puisse faire à l'injustice de leurs censures. Il est vrai que le nombre des personnes qui se mêlent de faire des vers s'est multiplié à l'infini, et que par conséquent il y a bien plus de Versificateurs médiocres que dans le siècle dernier; mais le nombre des bons Poëtes n'est pas diminué.

« On n'a inséré dans cet Almanach ni les Héroïdes, ni les Pièces publiées dans des Livres qui forment un ou plusieurs volumes.

« Il nous reste à parler des remarques dont on a accompagné chaque pièce de Vers. Il a été souvent impossible d'éviter la répétition des termes. Il n'y a pas beaucoup de manières de dire que les vers ont de la force, de la délicatesse, de la facilité, etc., et il est grand nombre de Pièces qui ont les mêmes beautés et les mêmes défauts. L'objet de l'Editeur a été de rendre son travail utile à ceux qui cultivent la Poésie, et de contribuer à la perfection de la Langue Françoise; et il a fait ses efforts pour y parvenir, en évitant avec une attention égale et l'exagération suspecte d'une louange outrée et l'aigreur toujours condamnable d'une critique amère. Une partie de ces Remarques tombe sur des fautes de langage, et cela prouve combien il est difficile d'écrire correctement en vers. S'il est essenciel de relever ces fautes pour la pureté de la Langue, c'est surtout dans des Ouvrages bien reçus du Public. Rien de plus dangereux que les défauts d'un bon Ouvrage. Sa réputation en fait des autorités. Si un jeune homme ou un étranger est induit en erreur à cet égard, ce ne sera point par les productions de Cotin ou de Pradon que personne ne lit ; ce sera quelquefois par celles de Molière ou de la Fontaine qu'on lit tous les jours.

« L'Editeur a pensé que la meilleure manière de voir si un vers est purement écrit c'est d'en faire l'analyse et de le réduire en prose. Il est rare qu'on se trompe en suivant cette méthode.

« Enfin cet Almanach renouvellé tous les ans, pourra encore servir à répandre et à perfectionner le goût de la bonne Poésie dans les Provinces où l'on est moins à portée de se procurer les nouveautés de cette nature. Ce sera une espèce de Journal annuel pour les Poésies légères. »

Cette année 1765 contient 50 pièces dont dix anonymes sur lesquelles deux sont signées dans l'édition ci-après.

Ces 42 pièces appartiennent aux auteurs suivants :

Mademoiselle A**; B**; Beauchamp (de); Bessière; Blin de Sainmore, 2; Chamfort; Chenevières, 3; Dorat, 8 dont 1 p. 134; Girard, de Dieppe; Gresset; La Harpe; La Louptière; Lattaignant (abbé de); Légier; Lemierre, 4; Le Prieur; Mangenot (abbé); Maupertuis (de); Pezay (de), 2; Rochon de Chabannes; Sabatié; Saint-Péravi (de), 3; Sautreau de Marsy; Thomas; Voltaire, 2.

1765 (B). Frontispice gravé portant dans un cartouche: *Almanach* | *des* | *Muses* | *1765.* Au dessous du cartouche : *2de Edition* | *A Paris* | *Chez Delalain, Libraire,* | *rue St Jacques* | *M.DCC.LXIX* (*sic*). In-12.

Faux titre et frontispice, pp. 3 à 6 pour l' « Avertissement » de l'édition précédente, le calendrier. — 143 pp. chiff., 1 f. pour la fin de la table (145-146), 1 f. de musique gravée, pp. 147 à 162 pour la « Notice des ouvrages de poésie qui ont paru en 1764 » et l' « Approbation » du 21 décembre 1764 sig. D'Hermilly.

Cette année contient 54 pièces dont quarante-six de l'édition précédente(1) et huit nouvelles: D'Arnaud-Baculard, conseiller de l'ambassade de Suède, 2; Voltaire, 4, et 2 anonymes.

1766. Frontispice gravé portant sur un rouleau de papier déplié: *Almanach | des | Muses |*. Ce rouleau est posé sur un fût de colonne ayant cette inscription « Au Dieu des saisons et des vers »: au pied de la colonne deux Amours tiennent une guirlande de roses. Au bas de ce frontispice signé M. Poisson, on lit: *A Paris. | Chez De Lalain, Libraire, rue de la Comédie.* In-12.

Faux titre et frontispice, « Avertissement des Editeurs chiffr. III à VIII, le calendrier; — 142 pp. chiffr., 2 ff. de musique, pp. 143 à 160 pour la « Notice des ouvrages de poésie..... »

Voici le texte de l'« Avertissement des Éditeurs »:

« On rencontre souvent dans la société des hommes chagrins qui parlent sans cesse avec humeur des usages et des modes de leur siècle: un parti plus modéré et peut-être plus philosophique, seroit de chercher à rendre ces modes utiles: c'est le but que l'on s'est proposé dans cet ouvrage. Au lieu de déclamer contre la fureur des Almanachs, nous nous sommes efforcés d'en faire un bon, et nous espérons qu'il pourra servir de contre-poison à ces Recueils de vers sans talent, à ces volumes de chansons insipides, qui ne semblent faits que pour accélérer la décadence du goût.

« *L'Almanach des Muses* contient un choix des meilleures Poésies fugitives qui ont paru dans le cours de l'année. Cette idée, dont on a déjà réalisé l'exécution au commencement de 1765, a été trouvée heureuse. Le premier essai qu'on en

(1) Les quatre de l'édition précédente (A) non reproduites sont de: Bessière, Sabatier et deux anonymes: Epitaphe de Mlle Georville et une Epigramme: *Qu'on me définisse une femme.*

a publié avait été fait à la hâte (1) et trop tard pour le faire paroître dans les Provinces : cependant il a été généralement goûté, et tous les Journaux se sont empressés d'en faire l'éloge. Ce succès nous a engagés à de nouveaux efforts. Nous avons rangé les pièces de ce Recueil dans un ordre plus piquant ; nous y avons mis plus de choix, plus de variété. Quelques personnes ont eu la complaisance de nous envoyer de très jolis Vers qui n'avoient pas encore été imprimés : nous avons choisi les meilleurs, et nous osons nous flatter que les gens de lettres s'empresseront toujours de plus en plus d'embellir notre collection de leurs ouvrages.

« Cet Almanach pourra former dans la suite une espèce de *Bibliothèque poétique* infiniment supérieure à tous les autres Recueils. On se plaint tous les jours de la perte d'un grand nombre de Pièces charmantes qu'ils n'ont point conservées ; on leur reproche de se copier sans cesse les uns les autres : les éditeurs de l'*Almanach des Muses* ne négligeront rien pour recueillir toutes les pièces qui méritent de l'être et l'on ne trouvera dans cette Collection que des Pièces toujours différentes et toujours nouvelles.

« Un avantage particulier à notre Almanach et qui ne se rencontre point ailleurs, ce sont les anecdotes littéraires et les notes dont il sera accompagné. On trouve dans les journaux des jugements sur les ouvrages d'une certaine étendue et malgré toutes les révoltes de l'amour-propre, il est certain qu'ils ont beaucoup contribué aux progrès de la littérature parmi nous : mais il n'en est aucun dans lequel on fasse des remarques critiques sur les Pièces fugitives. On s'est efforcé de remplir cet objet dans l'*Almanach des Muses*, et l'on a cru que des observations honnêtes et sévères pouroient être de quelque utilité pour l'instruction des étrangers et des jeunes gens, la pureté de la langue et la conservation du vrai goût.

« Les observations que nous avons faites ne doivent rien diminuer de l'estime que méritent les Pièces qui les ont occasionnées : on pourrait faire de pareilles remarques sur les productions des meilleurs Ecrivains : le plus exact de nos

(1) Plusieurs Pièces qui avaient paru en 1764, et qui avaient été oubliées dans l'*Almanach* de 1765, ont été placées dans celui-ci.

versificateurs, Despréaux lui-même n'en seroit pas exempt. Ce ne sont point les Auteurs méprisables qu'il faut commenter : c'est Corneille et Racine. Les ouvrages médiocres sont soumis à une censure plus sévère, à l'oubli.

« On a eu soin de faire entrer dans l'*Almanach des Muses* les épitaphes des hommes célèbres, et des Pièces sur les principaux événements de l'année. Ainsi il réunira les différens avantages d'un Almanach, d'un Choix de Poësies légères, d'un Journal critique pour ces sortes de pièces, et d'un Recueil d'anecdotes littéraires.

« Il est des Pièces dont nous aurions souhaité faire usage, si leur étendue nous l'avoit permis. Il y a de la force et beaucoup de sensibilité dans l'*Héroïde de Calas* par M. Blin de Sainmore : on a trouvé des saillies piquantes et des images nobles dans l'*Epitre* de M. Dorat à l'Impératrice de Russie ; M. l'abbé de Lille a donné de nouvelles preuves de son talent dans une *Epitre* sur les voyages où l'on remarque un ton mâle, une manière large et des vers énergiques. »

Cette année 1766 contient 87 pièces dont dix-sept anonymes. Les 70 pièces signées appartiennent aux auteurs suivants :

B ; Bailli ; Blin de Sainmore ; Borde, 2 ; Boufflers (chevalier de), 2 dont 1 sig. chev. de B. ; Bret, 8 : C. (de) ; D. ; D'Arnaud (Baculard), 3 ; Dorat, 7 ; Dudoyer de Gastels ; François de Neufchâteau, âgé de 13 ans ; François, ancien officier de cavalerie ; Garrick ; Guibert (Mme), 5 ; Guillemart ; Juilly-Thomassin ; La Dixmerie ; La Fargue, 2 ; Légier, 3 ; Lemierre, 2 ; Maisonneuve (Mme de) ; Mangenot (abbé) ; Mathon de la Cour ; Mirecourt (de) ; Montoury ; Mugnerot ; Panard ; Piron ; Rochon de Chabannes ; Rozoi (de) ; Saint-Péravi, 3 ; Sautreau de Marsy ; T (comte de), p. 48 ; Tricot ; Varennes (de) ; Voisenon (abbé), 2 ; Voltaire, 5.

1767. Frontispice gravé de Poisson représentant Pégase quittant l'Hélicon et faisant jaillir d'un coup de sabot la source d'Hippocrène. En haut sur une banderolle *Almanach des Muses*, et au bas : A Paris | chez De Lalain, Libraire, rue de la Comédie | 1767. In-12.

Faux titre et frontispice, pp. v à viii pour l' « Avertissement », le calendrier. — Pp. 1 à 134 pour les poésies et leur table ; pp. 135 à 160 pour la « Notice de tous les ouvrages... » et 2 ff. de musique gravée.

Voici le texte de l' « Avertissement » :

« Le succès de l'Almanach des Muses nous dispense de parler désormais de ses différens avantages, et le grand nombre de Poësies que nous avons reçues de toutes les Provinces prouve combien ceux qui cultivent la Littérature sont disposés à embellir cette Collection. Nous avons fait cette année de nouveaux efforts pour la rendre plus digne des regards du Public. Après avoir réuni et examiné avec soin plus de trente mille vers manuscrits ou imprimés, nous nous sommes bornés à en choisir environ deux mille. Dans ce nombre, on trouvera quelques pièces qui avaient échappé à nos recherches les années précédentes.

« Nous ne pouvons assez répéter qu'en faisant quelques légères observations, notre intention n'est point et ne sauroit jamais être de rien diminuer de l'estime que méritent les pièces qui composent ce Recueil : on sait que les productions de nos plus célèbres Ecrivains ne seroient pas à l'abri de pareilles remarques. Préférer une pièce à la multitude de celles que nous sommes obligés de rejetter, c'est s'expliquer assez nettement sur le plaisir qu'elle nous a fait.

« Plusieurs personnes avoient paru souhaiter que nous fissions noter les Chansons que nous insérons dans cet Almanach : nous nous sommes rendus à leurs desirs ; nous avons fait graver quelques airs, et nous comptons en donner un plus grand nombre dans la suite ; nous serons très attentifs à n'admettre que ceux qui réuniront le mérite d'une bonne Musique à celui d'une bonne Poësie. Lorsque les vers seront agréables et la musique médiocre, nous ne donnerons que les vers, et lorsque ce seront les vers qui seront médiocres nous rejetterons le morceau, quand même la musique en seroit excellente.

« Nous présumons qu'on verra avec plaisir dans ce Recueil

deux Chansons Languedociennes. Rien de plus flatteur à l'oreille, rien de plus séduisant que ce langage, surtout dans les choses faites pour être chantées. Pourquoi n'enrichiroit-on pas notre Littérature des bons vers Languedociens et Bourguignons? Les Grecs, indépendamment de la langue d'Athènes, n'admettoient-ils pas dans leur Poësie les Dialectes des autres Provinces?

« On trouvera encore dans l'Almanach de cette année, une notice générale de tous les Ouvrages de Poësie qui ont paru en 1766. Ainsi ce nouveau Volume remplit le titre d'*Almanach des Muses* dans toute son étendue : il contient les meilleures Poësies fugitives de l'année, et il donne une idée des autres Poëmes. Nous nous proposons de suivre le même plan à l'avenir, et l'on verra d'un coup d'œil dans cet Ouvrage, les différens progrès de la Poësie Françoise.

« Nous avons supprimé dans ce Volume les lettres capitales du commencement de chaque vers. On a tenté cette innovation dans le Journal des Dames, et on en a donné les raisons dans le Volume de Janvier 1766. Il paroît qu'elles ont été goûtées des Amateurs de la Poësie. »

Cette année 1767 contient 93 pièces dont 20 anonymes (1), soit 73 pièces signées de noms ou d'initiales qui appartiennent aux auteurs suivants :

B, 2 ; Barthe, 2 ; Bastide (Mlle de), 2 ; Belleau (Remy) ; Bernard (Gentil), 2 ; Blin de Sainmore, 3 ; Boufflers (chevalier de) ; Bourette (Mme) ; Bret ; C. (de) ; Clément, 7 ; Colardeau ; D. ; D'Arnaud (Baculard), 5 ; Dorat, 2 ; François, ancien officier de cavalerie ; François de Neufchâteau, 3 ; Genlis (comte de) ; Guibert (Mme) ; Guyot de Merville ; L. (de) ; La Condamine ; La Place (de) ; Légier, 2 ; Lemonnier (abbé) ; Léonard ; Linguet ; M. (vicomte de) ; Mangenot (abbé) ; Marmontel ; Mathon de la Cour le fils ; Mugnerot ; Mutel, 2 ; P. (de) ; Porquet (abbé) ; Rochon de Chabannes ; Rohan (vicomte de) ; Saint-Aignan (marquis de) ; Saint-Aulaire (marquis de) ; Saint-Lambert (de), 2 dont 1 p. 47

(1) Une pièce de la table des anonymes, p. 47, est signée dans le texte : Saint-Lambert. Une autre pièce est attribuée à un chanoine de Montpellier. Les vers languedociens sont anonymes.

mq. table ; Sautreau de Marsy, 2 ; Sauvigny (de) ; Thomas ; Voltaire, 6 ; Willemain d'Abancourt.

1768. **Frontispice gravé, non signé, qui représente Erato appuyant sur un socle un cartouche où se lit : *Almanach | des | Muses,* avec au bas de la gravure : *A Berlin et se trouve à Paris | chez De Lalain, Libraire, rue de la Comédie. | 1768.* In-12.**

Faux titre et frontispice, pp. III à VII pour l' « Avertissement », le calendrier. — 145 pp. chiffr. pour les poésies et leur table, 2 ff. de musique gravée, pp. 147 à 166 pour la « Notice... ».

Voici le texte de l' « Avertissement » :

« Nous n'avons fait cette année aucun changement considérable dans la forme de ce recueil : le grand nombre de pièces agréables qui nous ont été envoyées par les écrivains les plus connus, nous a seulement déterminés à diminuer celui des notes. Des réflexions sur la pureté du langage, l'exactitude des rimes et l'harmonie des vers peuvent être utiles : mais les fautes de ce genre sont presque toujours les mêmes ; et il seroit aussi minutieux qu'inutile de répéter tous les ans les mêmes observations.

« En cherchant à mettre de la variété dans ce choix, nous avons souvent occasion de remarquer les gens qui manquent, et ceux qui commencent à déchoir. L'esprit, la légéreté, la finesse, les tournures ingénieuses, et même une sorte de sentiment et de grâce, un coloris foible et vague caractérisent les poësies qui paroissent depuis quelques années ; mais la bonne gaieté, les pensées fortes, les images frappantes, les traits originaux, les élans et la grande manière du génie, sa simplicité, sa vigueur deviennent tous les jours plus rares. Lorsqu'après une épitre spirituelle ou un joli madrigal, nous voudrions placer une pièce d'un ton plus mâle et propre à faire contraste, nous parcourons inutilement notre portefeuille et nous ne trouvons nulle part l'énergie et la touche fière dont nous aurions besoin. Les épigrammes traduites de l'Anthologie et les contes Orientaux avoient jetté plus de variété dans l'*Almanach de 1766* : mais c'étoient des fruits que l'on avoit tirés de la Grèce et du fond de l'Arabie : notre sol appauvri et épuisé n'en produit plus.

« Les ouvrages d'une certaine étendue ont éprouvé le même sort que les pièces fugitives : plus de comédies, peu de tragédies qui aient un succès décidé. Si l'on fait encore quelques odes, c'est presque toujours pour flatter la vanité des grands. Dans cet affoiblissement général, la comédie larmoyante est le seul genre que nous ayions créé : genre estimable, mais dans lequel des femmes ont réussi et qui pour cette raison peut-être étoit réservé à un siècle où les hommes sont si rares.

« On a soupçonné la philosophie d'avoir contribué à cette affligeante révolution : mais cette idée paroit injuste. Ce n'est pas la philosophie qui nous a corrompus : c'est au contraire parce que nous sommes corrompus que nous nous disons philosophes. Dans les siècles de la belle nature et du génie, cette froide manie de philosopher n'est jamais venue embrouiller les principes et attrister les hommes. C'est sur des cœurs blasés qu'elle établit merveilleusement son empire.

« D'où peut donc venir cette décadence ? Le luxe qui fait, dit-on, la force des Etats ne seroit-il point la vraie cause de la foiblesse des esprits. L'habitude d'éprouver des sensations délicates nous jette dans la langueur; le défaut de privations et d'obstacles ôte aux passions leur énergie, et l'âme indolente et paresseuse fuit les secousses même de la joie. Le nombre des flatteurs augmente avec la corruption, et en même tems la force de leur résister diminue; sous prétexte d'encourager les talens, on applaudit à ceux qui n'en auront jamais; on entre dans la carrière, sans consulter ses forces; le plus léger succès enivre; trop pressés de jouir de leur réputation, les gens de lettres se répandent dans les sociétés. De-là l'impossibilité de se livrer à cette méditation profonde qui a enfanté tant d'ouvrages immortels; de-là l'uniformité fastidieuse des caractères : on quitte le sien pour prendre celui qui règne dans le tourbillon où l'on vit; et au lieu de se replier sur soi-même, on s'abandonne à la facilité malheureuse de produire de foibles esquisses dans les courts instans qu'on dérobe au plaisir.

« Telles sont les réflexions où nous a entraîné l'examen

des poésies qui ont paru depuis quelque tems. Que ne pouvons-nous espérer qu'elles réveilleront les esprits et qu'elles préviendront l'engourdissement où ils semblent prêts à tomber. »

Cette année 1768 contient 88 pièces dont 14 anonymes. Les 74 pièces signées de noms ou d'initiales appartiennent aux auteurs suivants :

B***, 4 ; Barthe, 2 ; Bastide (Mlle de) ; Blin de Sainmore ; Bret ; Clément ; Colardeau ; Dareau ; D'Arnaud (Baculard), 4 ; Desmahis ; Dorat, 5 ; Feutry ; François de Neufchâteau, 4 ; Gaudet ; Guibert (Mme), 2 ; Guyot de Merville ; L. (de) ; La Noyère (de) ; Lattaignant (abbé de), 2 ; Le Beau de Schosne (abbé) ; Lemierre, 2 ; Léonard ; Mangenot (abbé) ; Mathon de La Cour ; Moncrif, 6 ; Mugnerot, 2 ; Mutel ; P. (de), 2 ; Pesselier ; Pezay (de), 3 ; Rigoley de Juvigny ; Rochemore (marquis de) ; Rochon de Chabannes, 4 ; Sautreau de Marsy ; Tressan (comte de) ; Voltaire, 10.

1769. Frontispice gravé non signé représentant une draperie, avec à droite une guirlande de roses et au bas des attributs : lyre, carquois, etc..., sur laquelle on lit : *Almanach | des | Muses.* Au dessous : A Paris | chez Delalain, Libraire, | Rue de la Comédie | M.DCC. LXIX. In-12.

Faux titre et frontispice, 1 f. pour l' « Avertissement », le calendrier. — 159 pp. chiffr. pour les poésies et leur table ; pp. 161 à 184 pour la « Notice..... ».

Voici le texte de l'« Avertissement » :

« La forme de ce recueil est à présent fixée ; on a seulement diminué le nombre des notes, autant qu'il a été possible, afin d'éviter la sécheresse et la monotonie des remarques grammaticales.

« On n'a fait graver aucun air noté, il s'en est trouvé plusieurs dont la Musique annonçoit du talent : mais les paroles étoient au-dessous du médiocre. On ne sauroit trop recommander aux Musiciens d'être plus difficiles à cet égard. Il n'est guère concevable qu'on fasse jamais d'excellente Musique sur de mauvaises paroles. »

Cette année 1769 contient 96 pièces, dont 9 anonymes. Les 87 pièces signées de noms ou d'initiales appartiennent aux auteurs suivants :

Barthe, 2 ; Bernard (Gentil) ; Bignicourt, 3 ; Blin de Sainmore, 2 ; Boufflers (chevalier de), 3 ; Bret ; Chamfort, 2 ; D'Antremont (marquise), 2 ; Darinel ; D'Arnaud (Baculard), 7 ; Delille (abbé), 2 ; Dorat, 14, 1 p. 99 ; François de Neufchâteau, 2 ; Gresset ; Guibert (mad.) ; Imbert (Barthélemy), de l'Ac. de Nîmes ; Le Beau de Schosne (abbé), 2 ; Légier ; Lemierre, 4 dont 1 p. 46 ; Léonard, 2 ; Lille (de), capitaine de dragons sig. de L.... ; Mangenot (abbé) ; Piron ; Rigoley de Juvigny, 5 ; Rulhières ; Sainport (baron de), âgé de 10 ans ; Saint-Just (marquis de), 2 ; Sautereau de Bellevaud, 2 ; T ; Tronson des Heulières, 2 ; Vasse ; Voisenon (abbé de) ; Voltaire, 10 ; Wildin de Gluckstad (mad.), p. 47 ; Willemain d'Abancourt, 3.

1770. Frontispice gravé, signé Poisson représentant Apollon, assis sur un nuage, qui montre de la main gauche un livre dont le plat porte : *Almanach | des | Muses* et de la main droite distribue des couronnes de laurier à un amour debout, tandis que d'autres amours assis transcrivent et lisent des vers. Au-dessous de la gravure : *A Paris | chez Delalain, Libraire, rue et à côté | de la Comédie françoise*. In-12.

Faux titre et front., pp. III-IV pour l' « Avertissement de l'Editeur », le calendrier. — Pp. 1 à 172 pour les poésies et leur table, 2 ff. de musique gravée et pp. 173 à 200 pour la « Notice..... »

Voici le texte de l' « Avertissement de l'Editeur » :

« Cet ouvrage n'étoit d'abord qu'un choix des poësies qui avoient été imprimées pendant l'année : la multitude des pièces manuscrites qui furent envoyées dès la publication du second volume, en changea insensiblement la forme et maintenant c'est une collection de jolis vers dont le plus grand nombre n'a jamais paru ; c'est, pour ainsi dire, une corbeille de fleurs qui presque toutes ont la fraîcheur de la nouveauté, et que je tâche d'assortir le plus avantageusement qu'il est possible.

« J'ai cru devoir faire usage de quelques vers d'ancienne date, mais qui n'ont jamais été imprimés ; je me suis rappellé qu'un des principaux objets de l'*Almanach des Muses* étoit de conserver les pièces fugitives que la négligence condamne trop sévèrement à l'oubli : ainsi l'on trouvera dans ce volume, des vers de M. M. Roi, Génonville, Maupertuis, et quelques petites Pièces de M. de Voltaire, faites depuis long-temps et connues de très peu de personnes.

« Le Public ne verra pas sans doute avec moins de plaisir, un air de M. de Monsigny, sur des couplets de M. Dorat, et il pourra ne pas désespérer de voir quelque jour la bonne musique ne s'allier jamais qu'à d'excellentes paroles.

« On m'a reproché d'être *tranchant* dans la notice des Poësies : mon tort est d'avoir cru que l'essence de ce genre d'écrire étoit un style vif et rapide ; car la rapidité exclut des circonlocutions qui seroient plus ménagées. J'ai essayé cette année de rendre les jugemens des ouvrages importans, plus motivés, plus étendus : mais je n'ai point oublié qu'en pareil cas, le premier devoir, c'est la vérité : j'ai donc renoncé à contenter ceux qui ne veulent pas l'entendre.

« D'autres personnes blâment le titre de ce recueil. Pourquoi l'appeller *Almanach* ? C'est réellement un choix des plus agréables poësies de nos meilleurs écrivains. Voici ma réponse. J'ai mieux aimé promettre moins et donner davantage. J'ai quelque regret aujourd'hui de lui voir un titre qui le confond au premier aspect avec tant de petites feuilles qui meurent toutes exactement le même jour : mais il a réussi avec ce titre-là ; la faveur du public tient quelquefois à si peu de chose ! je n'ai pas osé le changer.

« Enfin je dois des remercimens à la plupart des auteurs qui ont bien voulu contribuer à embellir cette collection ; j'ai autant à me louer de leurs procédés que de leurs vers. On s'empresse trop à publier ce qui peut sembler défavorable à ceux qui cultivent les Lettres ; quand on fréquente les Ecrivains qui ont droit à tous les suffrages, on a du plaisir à trouver que l'honnêteté est presque toujours compagne du vrai talent. »

Cette année 1770 comprend 118 pièces dont 9 anonymes. Les 109 pièces signées de noms ou d'initiales appartiennent aux auteurs suivants :

Barbe, 3; Bignicourt; Blin de Sainmore, 6; Boufflers (chevalier de); Bret; Chabanon (de); Chenevières (de); Colardeau, 3; D'Antremont (marquise); D'Arnaud (Baculard), 13; Delille (abbé); Dorat, 11; François de Neufchateau; G., 3; Gaudet, 2; Génonville (de); Gresset; Guichard; Imbert (Barth.), 2; L. D. N.; La Condamine, 2; Laharpe; La Louptière (de), 3; Langeac (abbé de), 2; La Touraille (comte de); Lemierre, 3; Lemonnier (abbé); Léonard, 2; Le Prieur; Maupertuis (de); Mercier; Moncrif, 2; Mugnerot; Pezay (de), 2; Piron; Pont de Veyle; Rigoley de Juvigny, 2; Roblé; Roi, 3; Roussel; Saint-Just (marquis de); Saint-Lambert (de), 2; Sautereau de Bellevaud; Sedaine; Thomas, sig. T. de l'Ac. fr.; Vallier, colonel d'infanterie, de l'Ac. d'Amiens; Voisenon (abbé de); Voltaire, 13; Willemain d'Abancourt.

1771. Front. gravé, signé Poisson, représentant une Lyre enguirlandée de laurier sur laquelle est posée une banderolle portant *Almanach des | Muses | 1771 |* Au bas de la gravure : *A Paris | Chez Delalain, Libraire, Rue de la | Comédie Françoise.* In-12.

Faux titre et front., l'errata, l'« Avis de l'Editeur paginé VII-VIII, 4 pp. pour le Catalogue des livres qu'on trouve chez Delalain, et le calendrier. — 174 pp. chiffr. pour les poésies et leur table, 2 ff. de musique gravée, pp. 175 à 204 pour la « Notice..... »

Voici le texte de l' « Avis de l'éditeur » :

« Pourquoi une Préface cette année à l'Almanach des Muses? Pour remercier le public de son succès? ce seroit tous les ans la même formule. Pour en exposer les avantages? ils sont connus. Pour répondre à certaines satyres? l'épigramme la plus sanglante est le silence, et le motif qui le fait garder. Ces trois mots ne serviront donc qu'à faire sentir l'inutilité d'un bavardage préliminaire, et peut être que cet avis si court, est lui-même inutile. »

Cette année 1771 comprend 111 pièces dont 9 anonymes. Les 102 pièces signées de noms ou d'initiales appartiennent aux auteurs suivants :

Barthe; Belloy (de), de Calais; Bernard (Gentil); Bignicourt (de), 2; Blin de Sainmore, 2; Bonnard (chevalier de), 3; Boufflers, 2 sig. chev. de B.; Choiseul (comte de); Colardeau, 3; Collet (J. B.), de Messine; D'Arnaud (Baculard), 6; Dorat, 13; Drobecq; Du Châtelet (marquise); Du Coudray (chevalier); Fréron; Fumars (de), 2; Imbert (Barth.), 10; L. (de), voir Lille (de); La Condamine; La Place (de), 2; La Viéville (marquis de); Le François, ancien officier; Lemierre, 2; Lemonnier (abbé); Léonard, 3; Le Prieur, 2; Lille (de), capitaine de dragons; M. (de), voir Paris de Monmartel; Malespine (abbé de); Mugnerot; P. (marquis de); Paris de Monmartel; Piron, 2; Porquet (abbé); Roi; Rousseau (J.-J.); Rulhières; Saint-Aulaire (marquis de); Saint-Just (marquis de), 2; Saint-Marc (marquis de), 2; Saint-Péravi, 3; Sautereau de Bellevaud, 2; Thierriat; Tricot, 2; Vauroux (abbé de); Voisenon (abbé de); Voltaire, 11.

1772. Front. gravé signé Poisson. Dans un gracieux encadrement le soleil éclaire une lyre ornée de roses et de lauriers : à la partie supérieure une banderole, fixée sur une guirlande passée dans deux anneaux porte *Almanach des Muses,* | *1772.* Au bas, en dehors de la gravure : *A Paris* | *Chez Delalain. Libraire, rue de la Comédie Françoise.* In-12.

Faux titre, front. gravé, le calendrier pour 1772. — 175 pp. chiffr. pour les poésies et leur table ; 1 f. de musique gravée; pp. 177 à 202 pour la « Notice... ».

Cette année contient 106 pièces dont 5 anonymes. Les 101 pièces signées de noms ou d'initiales appartiennent aux auteurs suivants :

B; Barbe, 4; Beauharnais (comtesse Fanny de), 5 sig. comtesse de ..., dont une seule signée dans le texte comtesse de B.; Bertin; Bignicourt (de); Blin de Sainmore, 2; Bonnard (chevalier de), 3; Boufflers, 5 sig. chev. de B.; Bourette (mad.); C. (abbé de); Carrelet de Rozay (abbé); Cassini (mad. de), sig. à la table; Colardeau; D'Antremont (marquise), 3; D'Arnaud (Baculard), 3; Diderot, n. sig. à la table, p. 31; Dorat, 8; Du Mersan; Fréron; Fumars (de), 5; Giraud; Imbert (Barth.), 9; La B. (de), 2; La Condamine; La Frenaye; Langeac (abbé de); Légier, 2; Lemierre, 3; Lemonnier (abbé); Nigris (comte de); Pezay (marquis de), sig. P. à la table; Piron; Porquet (abbé), 5; Rochemore (marquis de); Rocher; Roi; Rulhières; Saint-Marc (marquis de), 3 dont une n. sig. à la table, p. 55; Saint-Péravi; Valpole ou Walpole (Horace); Voltaire, 14.

1773. Front. gravé non signé analogue à celui de 1772, la lyre est remplacée par un livre ouvert, en haut sur une banderolle : *Almanach des Muses* | *1773.* au-dessous de la gravure : *A Paris,* | *Chez Delalain, Libraire, rue de la* | *Comédie Françoise.* In-12.

Faux titre, front., un « Avis de l'Éditeur », le calendrier de 1773. — 196 pp. chiffr. pour les poésies et leur table, 2 ff. de musique gravée, pp. 197 à 224 pour la « Notice... ».

Voici l' « Avis de l'éditeur » :

« On avoit prévu, en commençant cette Collection, qu'il seroit difficile d'éviter la répétition des termes dans les remarques dont chaque pièce de vers étoit accompagnée. Ces sortes de Poësies sont toujours légères ou délicates, ou ingénieuses, ou piquantes ; les défauts qui peuvent s'y rencontrer sont toujours des pléonasmes, des incorrections, des vers sans harmonie, etc. Ce cercle est très-borné. Il devoit donc arriver un tems où les tournures différentes pour exprimer tant de remarques si semblables au fond seraient à peu près épuisées. Tels sont les motifs qui ont déterminé l'Éditeur de ce Recueil à supprimer les notes.

« Il continuera de donner la notice des Ouvrages de Poësie qui ont paru dans l'année. Cette notice a trouvé moins de censeurs, et n'a pas les mêmes inconvéniens. »

Cette année 1773 contient 115 pièces dont 5 anonymes. Les 110 pièces signées de noms ou d'initiales appartiennent aux auteurs suivants :

Barthe, 2 ; Beauharnais (comtesse Fanny de), sig. comtesse de B., 4 ; Bernard (Gentil) ; Bièvre (marquis de) ; Bignicourt (de) ; Bonnard (de), 2 ; Boufflers, sig. chev. de B. ; Bret ; C. D. L. ; Colardeau, 3 ; Couturelle (comte de) ; Cubières (de) ; D. L. S. ; D'Antremont (marquise) ; D'Arnaud (Baculard), 3 ; Diderot, 2 sig. D ; Doigny du Ponceau ; Dorat, 12 ; Fautrier ; Fontaine-Malherbe ; Fréron ; Fumars (de), 3 ; Guibert ; Imbert (Barth.), 12 ; La Condamine, 6 ; Laharpe, 3 ; La Tremblaye (le chevalier de) ; Le Grand ; Léonard ; Marmontel ; Paris de Monmartel, sig. Par... de M** ; Pezay (marquis de), 4 ; Piron, 3 ; Porquet (abbé), 3 ; Saint-Marc (marquis de), 2 sig. marquis de S. M ; Sautereau de Bellevaud, 2 ; Sautreau de Marsy, 2 sig. S. D. M. ; Simonneau ; Thomas, 3 ; Thyard (marquis de), 3 ; Voisenon (abbé de) ; Voltaire, 14.

1774. Front. gravé n. s. portant dans un tableau posé sur un socle : *Almanach | des | Muses | 1774*. Au bas de la grav. : *A Paris | chez Delalain, Libraire rue de la Comédie françoise*. In-12.

Faux titre, front., le calendrier ; 204 pp. pour les poésies et leur table, 2 ff. de musique gravée ; pp. 205 à 233 pour la « Notice..... » ; 4 pp. pour les « Livres nouveaux ».

Cette année contient 133 pièces dont 9 anonymes. Les 124 pièces signées de noms ou d'initiales appartiennent aux auteurs suivants :

André ; B ; Beauharnais (comtesse de), 7 pièces sig. comtesse de B ; Bernard (Gentil) ; Berquin, 2 ; Bertin ;

Bièvre (de) ; Blin de Sainmore, 2 ; Brons (chevalier de) ; C. G (le président) ; Cassini (mad. de), sig. Cass. ; Collé ; Cubières (le chevalier de), 4 ; D'Antremont (mad.), 2 ; D'Arnaud-Baculard ; Dauph**, 2 sig. D dans le texte ; Davesne ; Diderot ; Doigny, 2 ; Dorat, 12 ; Du Deffant (marquise) ; Durellé ; Fréron, 2 : Fumars, 4 ; Gassendi, officier d'artillerie, 3 ; Hénaut (le prés.), 2 ; Imbert (Barth.), 6 ; L'A... P..., 5 ; La Condamine, 6 ; La Fare ; La Fresnaye (de) ; La Harpe, 2 ; Le Grand ; Lemierre ; Léonard, 2 ; Lille (de), sig. de L. ; Maréchal, 2 ; Marmontel ; Meister ; Mingard, 2 ; Montesquieu (le prést. de) ; Pezay (marquis de), 6 ; Piron, 4 ; Rocher, 2 ; Saint-Lambert (de), 2 ; Saint-Marc (marquis de), 3 sig. S. M. ; Saint-Péravy, 3 ; Sautereau de Bellevaud ; Simonneau ; Voltaire, 11.

1775. Front. gravé, non signé, représentant une Lyre posée sur un socle avec au-dessus entouré de feuillage *Almanach | des | Muses | 1775* ; au bas de la gravure. *A Paris, Chez Delalain, Libraire rue de la Comédie françoise.* In-12.

Faux titre et front., le calendrier. — 280 pp. chiffr. pour les poésies et leur table ; pp. 281 à 324 pour la « Notice..... » et pp. 325 à 328 pour le Catalogue des livres.....

Cette année contient 160 pièces (1) dont 3 anonymes. Les 157 pièces signées de noms ou d'initiales appartiennent aux auteurs suivants :

B. ; Beauharnais (comtesse de), 8 sig. de B. ; Bernard (Gentil) ; Berquin ; Bertin, 7 ; Bièvre (de), 2 ; Blin de Sainmore, 2 ; Bonnard, 8 ; Bussy (comtesse de), 4 ; Cassini (mad. de), sig. de C. ; Chas ; Chenevières, 2 ; Colardeau, 4 ; Collé ; Cubières-Palmezeaux (chevalier de), 6 ; D'H..., 6 dont 2 pp. 200 et 204 ; D'Antremont (marquise) ; Delille (abbé), 4 dont 2 sig. abbé de L. ; Doigny du Ponceau, 3 ; Dorat, 15 ; Dumersan ; Dussieux ; Duverdier

(1) Deux manquent à la table sign. D'H..., pp. 200 et 204.

(mad.); François de Neufchateau, 4; Fréron 2; Fumars (de), 4; Gassendi (de); H., d'Arras; Imbert (Barth.), 6; La Boissière (de); La Harpe, 2; Langeac (chevalier de), 4; La Pujade (de); Lavo; Le Grand, 2; Lemierre, 3 dont 1 p. 218; Le Monnier (abbé); Levrier de Champ-riant; Mangenot (abbé); Masson; Maucroix (abbé de); Mille, avocat au Parlement; Montanclos (madame de); P. (abbé), 2; Panis; Pezay (marquis de), 4; R... (duc de); Reyrac (abbé de); Rocher, 2; Rousseau (J. B.); Royou le jeune, avocat au Parlement de Bretagne; Rulhières, 4; Saint-Just (marquis de); Saint-Péravi (de); Sainte-Aldegondé (comte de); Saurin; Sautereau de Bellevaud, 3; Sélis, 7; Voltaire, 6.

1776. Front. gravé, non signé, portant dans un encadrement avec attributs champêtres. *Almanach | des | Muses. | 1776.* Au bas : *A Paris. | Chez Delalain, Libraire rue de la Comédie | Françoise.* In-12.

Faux titre, front., un avis aux auteurs, le calendrier. — 221 pp. chiffr. pour les poésies et leur table; pp. 223 à 262 pour la « Notice... », 1 ff. pour l'errata et 2 ff. pour le « Catalogue des livres... ».

Cette année contient 150 pièces dont 10 anonymes. Les 140 pièces signées de noms ou d'initiales appartiennent aux auteurs suivants :

B.; Bar...; Beauharnais (comtesse de), 5; Belloy (de); Bérenger (L. P.); Blin de Sainmore, 2; Bonnard, 6; Boufflers, sig. chev. de B.; Bussy (comtesse de); Châteaugiron (de), 2; Choderlos de Laclos, 1 sig. La Cl***; Cubières (le chevalier de), 7; D***; D'Alco (président); D'Antremont (marquise), 3; Dareau; D'H. (feu), 3; D'Hermite de Maillane; Doigny, 4; Dorat, 5; Dorly, commissaire des guerres, 2; Dourneau (abbé), 2 au lieu de 3 à la table; Ducis; Feutry; Fontaine de Saint-Fréville; Fontette-Sommery (comte de); François de Neufchateau, 6; Fréron le fils, 2; Gassendi (de), 2; Giraud; Gresset; Grouvelle; Guichard; Guillemard; Imbert (Barth.), 2; Imbert, de l'Ac. de Clermont-Ferrand, 3; La Condamine; La

Harpe; Laurencia (comtesse de); Laurès (chevalier de); Le Grand, 3; Lemierre, 3; Lemonnier (abbé); Léonard, 2; Le Suirre; Mangenot (abbé); Maréchal (Sylvain), 4; Masson de Morvilliers, 3; Mayet, de Lyon; Perdriet (comte ou marquis de); Pezay (marquis de), 2; Pomereul (de), 2; Porquet (abbé), 5; Reyrac (abbé de), 5 au lieu de 4, p. 150; Robbé; Rochon de Chabannes, 2; Royou le jeune, 3; Sacy (de); Saint-Just (marquis de), 5; Saint-Péravi (de); Saurin; Sélis, 2; Septm.... (comte de), 2; Simonneau; Voltaire, 7.

1777. Front. gravé, non signé, représentant deux femmes debout sur une console et tenant une draperie sur laquelle on lit : *Almanach | des | Muses | 1777*. Au bas de la gravure. *A Paris, | chez Delalain. Libraire rue de la | Comédie Françoise*. In-12.

3 ff. pour le faux titre, le front. et l'avis aux auteurs, le calendrier. — 246 pp. chiffr. pour les poésies et leur table; pp. 247 à 294 pour la « Notice... », 1 f. d'errata et 2 ff. pour le « Catalogue des Livres... ».

Cette année comprend 159 pièces dont 15 anonymes. Les 144 pièces signées de noms ou d'initiales appartiennent aux auteurs suivants :

B. (de), 9; B (comte de); Beauharnais (comtesse de), 3; Béranger (L. P.), 2; Berquin; Bertin, 2; Blin de Sainmore; Boufflers, 5 sig. chev. de B.; Boulogne (de); Bonn ***, 2; Bugey (de); Bussy (comtesse de), 2; Choderlos de Laclos, sig. La Cl**; Cubières (marquis de); Cubières (chevalier de), 4; D'Antremont (marquise), sig. de Bourdic; Delille (abbé); Desaintange; D'Hermitte de Maillane; Doigny, 4; Dorat, 14; Dourneau (abbé); Dussieux; Fallet; François de Neufchateau; Fumars (de), 4; Gilbert; Gresset; Grouvelle, 4; Guichellet, 4; Guyot de Merville, 4 sig. G. de M***; Hugot; Imbert (Barth.), 4; La Serre (abbé de), 2; Le Gris, 2; Lemierre; Lemonnier (abbé); Maisonneuve (de); Maréchal (Sylvain), 6; Masson de Morvilliers, 4; Parny (chevalier de), sig. Par...; Pezay (marquis de), 2 ; Philippon de La Madelaine ; Pidou, 2 ; Piron, 7 ; Reyrac (abbé de), 4 ; Roman, 2 ; Roussel, 2 ; Saint-Marc (marquis de), 2 ; Sélis, 2 ; Tressan (comte de) ; Verdier (Mme), 2 ; Villette (marquis de), 2 ; Voltaire, 12.

1778. Front. gravé sig. Poisson, 1777, représentant un encadrement ayant au bas le buste d'une femme couronnée de laurier, et entouré d'autre laurier en forme de lyre ; ce buste est posé sur une draperie portant la date de 1778. En haut, dans l'encadrement, *Almanach | des | Muses* ; au-dessous du cadre : *A Paris | Chez Delalain Libraire, rue | de la Comédie Françoise*. In-12.

3 ff. pour le faux titre, le front. et l'avis aux auteurs, le calendrier. — 284 pp. chiffr. pour les poésies et leur table ; 2 ff. de musique gravée ; pp. 285 à 321 pour la « Notice... » et les fautes à corriger et 2 ff. pour le catalogue des « Livres... ».

Cette année 1778 contient 180 pièces dont 21 sont anonymes (1). Les 159 pièces signées de noms ou d'initiales appartiennent aux auteurs suivants :

Auguste ; B. (marquis de), 2 ; Beauharnais (comtesse de), 3 ; Bérenger (L. P.) ; Bernard (Gentil) ; Berquin ; Bertin, 3 ; Bonnier de Layens ; Bourdic (Mme de), 2 ; Boutellier ; Bussi (comte de) ; Bussi (comtesse de) ; Cassini (marquise de), sig. Cas. ; Colardeau ; Cubières (chevalier de), 3 ; D. S. C. ; Dareau ; Delille (abbé) ; D'Hermitte de Maillane ; Doigny, 6 ; Dorat, 9 ; Drobecq, 2 ; Du Château de Roche-Baron, 2 ; Ducis, 2 ; Flins des Oliviers ; Fontanes (de), 2 ; François de Neufchateau, 11 au lieu de 10, mq. à la table, p. 184 ; Fréville (de) ; Gresset ; Guichard, 3 ; Guichellet (abbé) ; Guillemard ; Harduin ; Imbert (Barth.), 5 ; Imbert

(1) Aux pièces anonymes de la table, il faut en ajouter 2 sig. Chevalier de *** et une de la p. 78. On doit, par contre, en retrancher une signée (p. 33) « l'auteur des enfants du Pauvre Diable » qui est de Voltaire (?) Parmi les anonymes une est signée « Le maréchal de *** ».

de Champ-réal, 4 au lieu de 3, p. 183; Jourdan; L. D. B., anony. à la table, p. 202; Landry de Rubel; Le Grand; Lemonnier (abbé); Léonard, 4; Lesuire; Leyre (de); M. (Mᵉˢ); Maisonneuve; Marmontel, 3; Marteau; Marvielles (chevalier de), 2; Masson de Morvilliers, 8 au lieu de 7, p. 20; Maugiron (comte de); Mayet, 3; N. (duc de); Panis, 2; Parny (chevalier de), 3; Pezay (marquis de); Pilou; Poinsinet de Sivry; Pons de Verdun, 4 au lieu de 2, pp. 158 et 190; Porquet (abbé), 3; R. (président de); Reyrac (abbé de), 4; Robbé; Rochon de Chabannes, 4; Roman, 2; Saint-Maurice (marquis de); Saint-Péravi (de), 4; Sauvigny, censeur royal; Schwowalow; Sélis, 2; Simon, de Troyes; Thomas; Viernes (comte de); Vigée; Villette (marquis de); Voltaire, 7 dont 1 (?) sig. l'auteur des enfants du Pauvre Diable.

1779. Front. gravé, non signé, représentant une Lyre couronnée, entourée de rayons, avec, sur les côtés, divers attributs: musette, casque, etc. Au-dessus dans un cartouche : *Almanach | des Muses | 1779*. Au-dessous de la gravure : *A Paris, | Chez Delalain Libraire rue de la Comédie Françoise*. In-12.

Faux titre et front., IV pp. pour un *Avertissement* qui a trait à la publication d'un recueil nouveau : *Les Annales poétiques* (choix de pièces des auteurs depuis l'origine de la poésie française jusqu'à ce jour), l'avis aux auteurs, le calendrier. — 261 pp. chiffr. pour les poésies et leur table, 3 ff. de musique *imprimée*, pp. 269 à 305 pour la « Notice... » et 2 ff. pour le catalogue des « Livres... ».

Cette année comprend 192 pièces dont 21 anonymes. Les 173 pièces signées de noms ou d'initiales appartiennent aux auteurs suivants :

Alix; Andrieux, 2; Aude, 3; Auguste; Beauharnais (comtesse de), 2; Bérenger (L. P.), 2; Berquin, 5; Blin de Sainmore, 2; Boisard; Bonnier de Layens, 2; Bourdic (Mᵐᵉ de), 2; Bourgoing (chevalier de); Bussi (comtesse de); C.; Cailli (A. G. de); Chass*** (Chassaignon ?); Choderlos de Laclos, sig. La Cl. ; Choisy (de) ; Churlid (baron de) ; Couturelle (comte de), p. 234 ; D. S. L. ; D'Alembert ; D'Hermitte de Maillane ; Doigny, 3 ; Dorat, 9 ; Drobecq ; Du Château de Rochebaron, 2 ; Ducis, 2 ; François de Neufchateau, 7 dont 2 sig. F. D. N. ; G. ; Ginguené, 5 ; Grouvelle, 3 ; Guéneau de Montbelliard, 2 ; Guichellet (abbé de), 2 ; Guys (P. Aug.) ; Imbert (Barth.), 5 ; Imbert de Champ-réal ; Jeannin (dom), prieur de Chassaigne ; La Dixmerie ; La Férandière (marquise de), 3 ; La Harpe ; La Loge (chevalier de), 3 ; Langeac (chevalier de), 2 ; La Roche (abbé de) ; Lavo ; Lebeau de Schosne (abbé) ; Lebrun-Pindare, 5 ; Lemierre ; Lesuirre ; Leyre (de) ; Maisonneuve, 2 ; Marmontel, 2 : Marvielles (chevalier de), n. s., p. 145 ; Masson de Morvilliers, 11 au lieu de 12 à la table (1) ; Mayet ; Mérard de Saint-Just, sig. de Saint-Just ; Panis ; Parny (chevalier de), 2 ; Pezay (marquis de), 2 ; Pidou, 6 ; Piron ; Planchet, 2 ; Pons de Verdun, 5 dont 1 p. 124 ; Reyrac (abbé de), 4 ; Roucher ; Rousseau (J. J.) ; Royou le jeune, 4 ; Saint-Marc (marquis de) ; Sauvigny (de) ; Sélis, 2 ; Simon, de Troyes, 4 ; Th. (Mme) ; Vidampierre (comtesse de) ; Villette (marquis de), 4 ; Voltaire, 11.

1780. Front. gravé, non signé, représentant la statue d'Apollon sur le socle de laquelle est dessiné Pégase ; elle est placée au milieu d'un hémicycle au haut duquel on lit sur une draperie : *Almanach | des | Muses | 1780.* Au bas de la gravure : *A Paris | Chez de Lalain l'aîné Libraire | rue St Jacques vis à vis la rue du Plastre.* In-12.

3 ff. pour le faux titre, le front. et l'avis aux auteurs, le calendrier. — 261 pp. chiffr. pour les poésies et leur table ; pp. 263 à 297 pour la « Notice... » et 2 ff. pour le catalogue des « Livres... ».

Cette année comprend 176 pièces dont 14 sont ano-

(1) Il manque dans le texte les pièces p. 63 et p. 124 de la table, par contre une, p. 132 n'est pas indiquée à la dite table.

nymes. Les 162 pièces signées de noms ou d'initiales appartiennent aux auteurs suivants :

Andrieux, 2 ; Aude ; Auguste ; Beauharnais (comtesse de), 3 ; Beaumarchais ; Bérenger (L. P.), 2 ; Bessin (Mlle) ; Bonnier de Layens ; Boufflers (chevalier de) ; Bourdic (Mme de) ; Bussi (comtesse de), 2 ; Choiseul-Meuze (comte de) ; Choisy (de), 2 ; Colardeau, 2 ; D'Arnaud-Baculard ; Davesne, 4 ; D'Hermitte de Maillane ; Doigny, 3 ; Dorat, 6 dont 1 p. 94 ; Dourneau ; Drobecq ; Ducis, 3 ; Dumorier, 2 ; Fallet, 2 ; Flins des Oliviers (Carbon), 3 ; Fontanes (de) ; Fontette-Sommery (comte de), 2 ; François de Neufchateau, 7 ; Ginguené, 3 ; Girard-Raigné ; Grouvelle, 5 ; Gudin, 3 ; Harduin, secrét. de l'Ac. d'Arras, 3 ; Imbert (Barth.), 2 ; Imbert de Champ-réal, 2 ; La Boutraie (de) ; La Dixmerie ; La Férandière (marquise de), 2 ; La Loge (chevalier de), 2 ; La Louptière (de), 2 ; Léonard, 2 ; Le Prieur ; Le Suirre, 2 ; Maisonneuve ; Marmontel ; Marnésia (marquis de) ; Masson de Morvilliers, 11 ; Mayer ; Mayet, 2 ; Mérard de Saint-Just ; Millin de La Brosse, cap. d'infanterie, 3 ; Panis, 2 ; Parny (chevalier de), 4 ; Philippon de La Madelaine ; Pidou ; Pons de Verdun, 10 ; Regnault ; Reyrac (abbé de), 2 ; Romans, 7 ; Rousseau (J. J.) ; Royou ; Saint-Péravi (de), 4 ; Sautereau de Bellevaud, 6 dont un sign. S. D. B. ; Sautreau de Marsy, sig. S. D. M. ; Sauvigny ; Sélis, 3 ; Simon, de Troyes, 2 ; Thomas ; Tressan (comte de) ; Voltaire, 2.

1781. Pièces échappées aux XVI premiers *Almanachs des Muses.*

Front. dessiné et gravé par Marillier figurant un encadrement en haut duquel deux colombes se becquètent au milieu de deux branches de feuillage et au bas une lyre accompagnée d'une buire et d'instruments de musique reliés entre eux par une guirlande de roses qui couronne la lyre. Au milieu : *Pièces échapées* | *aux* | *XVI premiers* | *Almanachs des Muses.* | *A Paris* | au-dessous de la gravure : *Chez la Vve Duchêne, rue St Jacques.* In-12.

vi pp. chiffr. pour le faux titre, le front. gravé et l' « Avertissement du Libraire », 36 pp. chiffr. pour la « Préface (en prose) de l'*Almanach des Muses* ou « Dialogue entre l'*Almanach royal* et l'*Almanach des Muses* » (par Sylvain Maréchal); 332 pp. chiffr. pour les Poésies et leur table.

Voici le texte de l' « Avertissement du Libraire » :

« Il est aisé de s'appercevoir que différentes circonstances qui tiennent au moment, ont empêché l'Editeur de l'*Almanach des Muses* de faire entrer dans son Recueil un assez grand nombre de Pièces de Vers qui méritoient d'y figurer. La plûpart de ces circonstances n'existant plus, on a cru que l'on pourroit former de ces Pièces oubliées un Volume agréable et propre à être mis par les Amateurs à la suite des seize premiers volumes de cette Collection. Tel est l'objet du choix de Poésies que nous présentons au Public. Nous avons tâché de n'y admettre que des Pièces piquantes et des Auteurs en possession de lui plaire, et nous avons suivi exactement l'arrangement typographique du Recueil qui nous a servi de modèle. Puisse celui-ci avoir le même succès ! »

Ce recueil des « pièces échappées » apporte 165 pièces dont six ne figurent pas à la table (1) : quatre signées et deux anonymes. Les 130 pièces signées de noms ou d'initiales et, en y ajoutant une pièce anonyme qui est de Cailly, se décomposent ainsi :

Auguste; Berquin ; Bertin ; Boisard, 10 ; Borde ; Boufflers, sig. chev. de B. ; Bret ; Cailly (de) ; Champfort ; Colardeau ; D'H. ; D. P. (2) ; D. S. C. ; D'Alco (président) ; D'Alembert ; D'Antremont (marquise) ; D'Arnaud, 3 ;

(1) La table donne 34 pièces anonymes ; mais deux appartiennent au Président Hénault (sig. dans le texte) et une anonyme à Cailly, par contre deux ont été oubliées pp. 48 : A M*** : *Que je suis bien l'esclave du démon* et 51 : A M. R... : *Vous qui, sans être adolescent.*

Les quatre autres qui manquent à la table sont de Dorat, Maréchal, Piron et D. P., p. 261.

(2) P. 261, n'est pas à la table : Anti-romance : *Fi, fi, du séjour ennuyeux.*

D'Avesne, 2 (1) : Desaintange ; Dorat, 13 (2) ; Dupont (L.) : Fontelle-Sommeri (comte de) ; Gassendi (de) ; Gaudet ; Gilbert, 2 ; Girard-Raigné ; Gudin ; Hénault (président) (3) ; Imbert, de l'Ac. de Nimes, 9 ; Imbert de Champréal ; L. (abbé de) : La Harpe ; Landry de Rubel, signé de Rubel : La Place (de) ; Lebeau de Schosne (abbé) ; Lebrun-Pindare, 3 ; Le François ; Le Hoc ; Lemierre ; Le Monnier (abbé), 5 ; Léonard ; Le Prieur ; Lille (de) ; Mangenot (abbé) : Maréchal (Sylvain), 5 (4) : Marmontel ; Masson de Morvilliers, 2 ; Mercier ; Parny (chevalier de), 6 ; Pidou ; Pieyre ; Piron, 12 (5) : Ponçol (abbé de) ; Pons de Verdun, 4 ; Renard (Mme) ; Sabathier de Castres ; Saint-Alphonse ; Saint-Péravi ; Sautreau de Marsy, sig. S. D. M. ; Sélis ; Simon de Troyes, 2 : Tschoudi (baron de) ; Villette (marquis de) ; Voltaire, 4.

1781. Front. gravé signé Poisson ; le titre *Almanach* | *des* | *Muses* | *1781* est inscrit dans un encadrement dont le motif principal, placé au bas de la gravure, représente deux houlettes avec musette et panier de fleurs. Au-dessous, on lit : *A Paris.* | *Chez Delalain l'Ainé. Libraire rue St Jacques* | *vis à vis la rue du Plastre.* In-12.

3 ff. pour le faux titre, le front. et l'avis aux auteurs, le calendrier. — 267 pp. chiffr. pour les poésies et leur table : pp. 268 à 270 musique imprimée : pp. 271 à 319 pour la « Notice... » et 2 ff. pour le catalogue des « Livres... ».

Cette année comprend 183 pièces dont 20 anonymes (6). Les 163 pièces signées de noms ou d'initiales appartiennent aux auteurs suivants :

(1) Une sign. D. dans le texte.
(2) La table mentionne seulement 12 p. à ajouter p. 37. A M. Hume : *Jusqu'ici ma Muse volage.*
(3) Est anonyme à la table, p. 74.
(4) Quatre pièces seulement à la table, à ajouter p. 199, Ode anacréontique : *L'irrévocable arrêt du sort.*
(5) Onze pièces seulement à la table, à ajouter p. 181, Epigramme : *J'ouvre le Temple de Mémoire.*
(6) 3 ne sont pas à la table : pp. 35, 92 et 158.

Bailly; Beauharnais (comtesse de), 2; Bérenger (L. P.), 2; Blin de Sainmore; Bourdic (Mme de), 3; Bulini; Cérutti; Choiseul-Meuse (comte de), maréchal de camp, 2; Choisy (de), 8; Collin, avocat en Parl^t.; D., avocat au Parl. de Rennes, 2; Davesne, 3; Deschamps; Doigny, 3; Dorat, 6; Dourneau (abbé), 2; Drobecq, 2; Du Château de Rochebaron, officier du rég^t de Beauce; Dumorier (Le Boux), 2; Fallet, 2; Florian (chevalier de), sig. L. C. D. F., 2; François de Neufchateau, 2; Garnier; Gilbert; Goulard, 3; Gudin; Guyétand, 4; Harduin, 5; Hennet; Imbert (Barth.), 5; L. (le chevalier de), 4; La Boutraie (de); La Férandière (marquise de), 3; La Loge (chevalier de), 3; La Louptière, 3; Lavaich; Lebeau de Schosne (abbé); Lemancel; Lemercier; Léonard, 2; Lévêque, 2; Maistral, 2; Maréchal (Sylvain); Marsollier des Vivetières, 6; Masson de Morvilliers, 13; Mayer; Mayeur; Mérard de Saint-Just, 3; Mercier; Millin de La Brosse, 3; Moreau, historiographe de France; N. (chevalier de); N. (duc de) (Nivernois?); P. (de); Panis, 2; Parny (chevalier de), 4; Pezay (marquis de); Pidou; Piis (de); Poinsinet de Sivry; Pons de Verdun, 2; Regnault de Chaource; Reyrac (abbé de), 5; Romans, 2; Royou; Saint-Péravi (de); Sautereau de Belleraud, 5; Sélis; Servières (baron de); Silva; Simon; Simonneau; T. (chevalier de); Villette (marquis de); Voltaire.

1782. — Front. gravé de Poisson représentant sept amours tenant une plaque devant un laurier sur laquelle on lit: *Almanach* | *des* | *Muses* | *1782*: deux amours (sur les sept) accrochent devant la plaque des disques sur lesquels on a écrit: Odes. Chansons, etc. Au bas de la gravure: *A Paris,* | *Chez Delalain l'Aîné Libraire rue St Jacques,* | *vis à vis la rue du Plastre*. In-12.

3 ff. pour le faux titre, le front. et l'avis aux auteurs, le calendrier. — 276 pp. chiffr. pour les poésies et leur table, pp. 277 à 284 pour la musique imprimée; pp. 285 à 328 pour la « Notice... » et 2 ff. pour le catalogue des « Livres... ».

Cette année contient 188 pièces(1) dont 20 sont anonymes. Les 168 pièces signées de noms ou d'initiales appartiennent aux auteurs suivants :

Beauharnais (comtesse de); Bérenger (L. P.), 3 : Bernard (Gentil) ; Berquin, 2 : Bertin (chevalier de), sig. de Bert. : Blin de Sainmore ; Bonneville, 2 ; Boufflers (chevalier (de), 2 ; Bourdic (Mme de); Bourgeon du Perray ; C. D. B. L. ; Calvi (de) : Caminade, de Castres ; Choisy (de), 8 dont 2 pp. 15 et 114 ; Collé, 2 ; Collin, 4 ; Crignon, d'Orléans ; D., avocat au Parl^{t} de Rennes ; D'Hermitte de Maillane ; Diderot, 3 dont 1 sig. D. ; Dorat ; Dourneau (abbé), 2 ; Drobecq ; Dupray ; F. ; Fallet, 4 : Favart : Flins des Oliviers (Carbon), de Reims, 3 ; Florian (chevalier de), sig. de F. ; Fontanes (de) ; Fontette-Sommery (comte de) ; François de Neufchateau, 7 dont 1, p. 198 ; Frémont, anc. professeur d'éloquence ; Gency (de); Goulard, 2 ; Gourdon (marquis de); Guyétand, 6 ; Guyot de Merville, sig. G. de M. ; Harduin, 2 ; Imbert de Champréal, sig. I. de C. ; Imbert (Barth.), 10 ; L. : Lebrun (P. D. E.) La... (marquise de), 4 ; La Condamine (de) : La Dixmerie, 2 ; Lallemand ; La Louptière, 3 ; Langeac (de), 2 ; La Place (de) ; La Serre (abbé de) : Lemierre : M. (marquise de), p. 88 : Marsollier des Vivetières ; Mayet ; Mérard de Saint-Just, 3 dont 1 p. 38 ; Millin de la Brosse, 4 ; Murville (André) ; Nigris-Clermont Lodève (comte), 2 ; P., 2 ; P. (de) ; Parny (chevalier de), 4 : Piis (de), 2 dont 1 sig. Piis et Barré ; Pons de Verdun, 9 ; Pothier de Bielle ; Réganhac (de) ; Rigoley de Juvigny, 2 ; Rivarol (chevalier de), 2 ; Rochon de Chabannes, 2 ; Royou : S. (baron de), p. 82 ; Saint-Jean ; Saint-Marc (marquis de), 2 : Sancy, censeur royal ; Sautereau de Bellevaud, 5 ; Sautreau de Marsy, 2 sig. S. de M. ; Sauvigny (de), 2 ; Sélis, 4 ; Simon, de Troyes ; Varé ; Vigée ; Villette (marquis de) ; Voltaire, 3.

1783. Front. gravé de Poisson représentant une lyre, une cornemuse, une partition, un panier de

(1). La table n'en mentionne que 173, 9 pièces anonymes sont omises et 6 signées de noms ou d'initiales.

fleurs, une houlette, posés sur une draperie : au-dessus une plaque accrochée à un mur porte *Almanach | des | Muses | 1783*. Une guirlande de roses qui orne le sommet de la plaque retombe de chaque côté. Au bas de la gravure : *A Paris, | Chez Delalain l'aîné, Libraire, ruë St Jacques | vis à vis la rue du Plastre*. In-12.

3 ff. pour le faux titre, le front. et l'avis aux auteurs, le calendrier. — 266 pp. chiffr., 10 pp. de musique imprimée (267 à 276), et pp. 277 à 332 pour la « Notice... ».

Cette année contient 166 pièces dont 20 sont anonymes. Les 146 signées de noms ou d'initiales appartiennent aux auteurs suivants :

A. ; Andrieux ; Aubert (abbé) sig. A. ; Aude ; Bérenger (L. P.), 3 ; Berquin, 2 ; Blin de Sainmore ; Bonneville, 4 ; Boufflers, 2 sig. chev. de B. ; Bourdic (Mme de), 2 ; Br. (de), 2 ; Châteaugiron (de), 2 ; Choisy, 6 ; Collin, 6 ; D. L. H. ; D. T., 2 ; Despazes sig. Desp** ; D'Hermitte de Maillane ; Doigny, 2 ; Dourneau (abbé), 3 ; Drobecq, 2 ; Duault ; Duval, avocat au Parl. de Bretagne ; Fallet ; Flins (de) ; Fontanes (de), 4 ; François de Neufchateau, 2 ; Fréron, 2 ; G. ; Garnier, 3 ; Gaudin (Mlle) ; Gautier ; Goulard ; Grouvelle, 2 ; Guyétand, 5 ; Hoffman ; Imbert (Barth.), 4 ; James, 3 ; L. ; L. D. ; La Férandière (marquise de), 3 sig. La Fer. ; La Harpe ; La Louptière, 2 ; Langon ; Laya ; Le Grand, 3 ; L'Œuillard (chevalier de), 6 ; Maréchal (Sylvain) ; Marsollier, 2 sig. Mars. ; Masson de Morvilliers, 4 ; Miollan (abbé) ; Monvel ; Mugnerot ; N. (de) ; Parny (chevalier de), 3 ; Pidou, 2 ; Piis ; Pons de Verdun, 8 ; Pouteau ; Raiecki (comte), polonais ; Rebel ; Reynier ; Rivarol (chevalier de) ; Romans, 3 ; Royou, 2 ; Salaun ; Sautereau de Bellevaud ; Sauvigny (de), sig. de Sauv. ; Simon, de Troyes, 3 ; Vigée, 2 ; Villette (marquis de) ; Voltaire, 3 dont 1, p. 28.

1784. Front. gravé de Poisson représentant deux lauriers auxquels est accroché un disque qui porte *Almanach | des | Muses | 1784*. Au pied des lauriers un socle sur lequel repose une houlette, un panier de fleurs, une partition ouverte et une cornemuse. Au-dessous : *A Paris, | chez De Lalain, l'ainé, Libraire rue St Jacques | la porte cochère en face de la rue du Plastre au fond | de la Cour*. In-12.

3 ff. pour le faux titre, le front. et l'avis aux auteurs, le calendrier. — 253 pp. chiffr. et pp. 256 à 303 pour la « Notice... » ; 2 ff. pour le catalogue des « Livres... »

Cette année contient 164 pièces dont 10 sont anonymes. Les 154 pièces signées de noms ou d'initiales appartiennent aux auteurs suivants :

Andrieux : Aude ; B. (de), 2 ; B. (duchesse de) ; Barruel (comte) ; Béranger (L. P.) ; Bertin (chevalier de), 3 sig. de Bert. ; Blin de Sainmore, 3 ; Borde, de l'Ac. de Lyon, 9 dont 1, p. 34 : Boufflers, sig. chev. de B. ; Bourdic (baronne de) ; C. (chevalier de) ; C. de C... ; Cambry (de), 7 ; Châteaugiron (de) ; Choisy (de), 5 ; Collin, p. 48 ; Cuinet d'Orbeil, 2 : Desaintange, 2 ; Doigny, 2 ; Dourneau (abbé), 3 dont 1, p. 224 ; Drobecq ; Duault, Flins (de), 4 ; Florian, 3 : François de Neufchateau, 2 ; G., 2 ; Gaudin (Mlle) ; Goulard ; Gudin de La Brunellerie, 2 ; Guyétand ; Hofman ; James, 4 ; Imbert (Barth.), 6 ; L. V., p. 58 ; La Chabéaussière ; La Férandière (marquise de), 4 sig La Fér... ; La Louptière, 3 ; La Place, 8 ; Latour de La Montagne ; Le Bailly ; Lebeau de Schosne (abbé) ; Léonard, 2 ; L'Œuillard (de), 2 sig. L'Œ*** ; Maisonneuve ; Masson de Morvilliers, 5 ; Mérard de Saint-Just ; Millin de La Brosse ; Mugnerot ; Murville (André) ; Nogent, 2 ; Parny (chevalier de), 7 ; Piis (de), 2 ; Pons de Verdun, 7 ; Pothier de Bielle, 3 ; Raiecki (comte) ; Rivarol (chevalier de), 2 ; Rochon de Chabanes ; Roman, 2 ; Rosières (comte de) ; Royou ; Saint-Péravi (de) ; Saurin (feu), 3 ; Sautreau de Marsy, sig. S. D. M. ; Ségur (comte de), sig. comte de S. ; Silva ; Sivry (Mlle de) ; T. (comtesse de), p. 185 au lieu de 195 ; Tressan (comte de) ; Vigée, 3.

1785. Front. gravé par Poisson représentant dans un cadre, en haut, une guirlande de roses attachée par un nœud Louis XVI et retombant des deux côtés du titre : *Almanach* | *des* | *Muses* | *1785* ; au-dessous une couronne et dans un cartouche : *A Paris* | *Chez De Lalain l'ainé* | *Libraire rue St Jacques la porte* | *cochère en face de la rue du Plâtre* | *au fond de la Cour*. In-12.

3 ff. pour le faux titre, le front. et l'avis aux auteurs, le calendrier. — 279 pp. chiffr. pour les poésies et leur table, pp. 281 à 333 pour la « Notice... » et 2 ff. du catalogue des « Livres... ».

Cette année contient 160 pièces dont onze sont anonymes. Les 149 pièces signées de noms ou d'initiales appartiennent aux auteurs suivants :

Artaud ; B. de V., 4 sig. B. D. V. ; Beaugard (de Marseille) ; Belfroy de Reigny, 2 ; Béren...r (L. P.), 2 sig. Bér... ; Bertin (chevalier de), 3 sig. Bert. ; Blin de Sainmore, 2 ; Bodard ; Boisjolin ; Borde, 2 ; Boufflers, 2 sig. chev. de B. ; Bourdic (baronne de), 2 ; Châteaugiron (de) ; D. ; Daillant de La Touche, 9 ; D'Arnaud-Baculard ; Delille (abbé), 2 ; Des Granges ; D'Hermitte de Maillane, 2 ; Doigny, 4 ; Dourneau (abbé), 2 ; Drobecq ; Du Chosal, avocat au Parlement ; Duhamel de Landelle ; Dupuy des Islets (chevalier), 5 ; F. G., de Sedan, p. 48 ; Fallet ; François de Neufchateau, 2 ; Fréron ; Garnier ; Ginguené, 3 ; Gorsas ; Goulard, 2 ; Gourdon (marquis de), 2 ; Gresset ; Grouvelle, 2 ; Hofman, 2 ; Hollier (abbé) ; Imbert (Barth.), 3 ; L. ; La Chabéaussière ; La Férandière (marquise de), 4 sig. La Fer... ; La Place (de), 4 ; Le Bailly ; Lebeau de Schosne (abbé), 2 ; Lebrun-Pindare, sig. Le B*** ; Legrand, 2 ; Legrand d'Aussy ; Léonard, 2 ; Marmontel ; Nogent, 3 ; Notaris ; P. (de), p. 223 ; Panis ; Parny (chevalier de) ; Pons de Verdun, 7 ; Pothier de Bielle, 3 ; Raiecki (comte) ; Rivarol (chevalier de) ; Rochon de Chabanes ; Roman, 5 ; Roucher, 3 ; Royou, 2 ; Sautereau de Bellevaud, 3 ; Sauvigny (de) ; Verdier (Mme) ; Verninac de St Maur, 2 ; Vigée, 6 ; Villette (marquis de) ; Voiron ; Voltaire, 5 ; Ximenès (marquis de), 2.

1786. Front. gravé de Poisson dans le goût du précédent : la guirlande de roses est remplacée par une draperie, la couronne de lierre par une Lyre entourée d'une couronne de laurier ; au milieu *Almanach* | *des* | *Muses* | *1786*. et, au bas, dans un cartouche : *A Paris*, | *chez Delalain, l'aîné libraire* | *rue St Jacques vis à vis celle du Platre porte* | *cochère au fond de la Cour*. In-12.

3 ff. pour le faux titre, le front. et l'avis aux auteurs, le calendrier. — 259 pp. chiffr. pour les poésies et leur table, pp. 260-264 musique imprimée, pp. 265 à 304 pour la « Notice... » et 2 ff. pour le catalogue des « Livres... ».

Cette année contient 154 pièces dont 5 sont anonymes (1). Les 149 pièces signées de noms ou d'initiales appartiennent aux auteurs suivants :

Aubert (l'abbé) ; B., auteur du *Voyage d'Amérique*, dialogue en vers ; Beffroy de Reigny, sig. le Cousin Jacques ; Bérenger (L. P.), 4 ; Boisjolin (de), 3 ; Bonnard (chevalier de) ; Borde, 2 ; Bourdic (baronne de), 2 ; C. ; C. de L. ; C. V. (marquis de), 2 ; Castéra, de l'Ac. fr., 2 ; Ch. (marquis de) ; Châteaugiron (de), 2 ; Choisy, 8 p. dont 1, p. 49 ; Colardeau ; Crignon ; D. L. B., 2 ; Daillant de La Touche, 4 ; D'Arnaud-Baculard ; Dourneau (abbé), 4 ; Du Fresnoy (Mme) ; Dupuy des Islets, 3 ; Fallet ; François de Neufchâteau, 2 ; Fulvy (marquis de), 4 ; Ginguené, 2 ; Guichard, 2 ; Guyétand ; Hennet ; Hoffman, 2 ; Imbert (Barth.) ; Imbert de Champréal, 2 ; James de Saint-Léger ; La Férandière (marquise de), 4 ; Lallemand, 2 ; La Place, 7 dont 1, p. 70 ; La Tour de la Montagne, 2 ; Laugier de Granchamp (Mme) ; Le Bailli, 2 ; Lebeau de Schosne (abbé), 2 ; Legrand ; Le Gris (abbé), chanoine de Soissons, sig. abbé Le G*** ; Le Mancel, 2 ; Léonard, 5 ; L'Œuillard (de), sig. L'Œuill. ; Moreau, 2 ; Murville (de) ; N. (chevalier de) ; Nogent, 2 ; Notaris ; Pascalis (chevalier de) ; Pat*** ; Pechmeja (feu de) ; Perez d'Uxo ; Piis (de) ; Pons de Verdun,

(1) La pièce de B. est placée aux anonymes à la table.

9; Pothier de Bielle, 2: Raiecki (comte); Rivarol (comte de), sig. Riv.; Roman, 3; Rulhières (de); Roucher, 2; Royou; Ségur (comte de), sig. Sé**; Ségur (vicomte de), sig. Sé**; Théveneau, 3; Thomas, 2; Tilly (comte de), 3; Verdier (Mme); Vernes fils, de Genève; Verninac de Saint-Maur (abbé); Verninac de Saint-Maur; Vigée, 2; Voltaire, 2; Ximenès (marquis de).

1787. Front. gravé non signé : Le titre *Almanach | des | Muses | 1787* se lit dans un cartouche accompagné d'attributs divers : un violon, un livre, un tambourin, un masque et, au-dessous, également dans un cartouche : *A Paris, | Chez Delalain, l'aîné | rue St Jacques. N° 240.* In-12.

3 ff. pour le faux titre, le front. et l'avis aux auteurs, le calendrier. — 284 pp. chiffr. pour les poésies et leur table, pp. 285 à 324 pour la « Notice... » et 2 ff. pour le privilège du roi du 14 juin 1786 accordé à Delalain pour un grand nombre d'ouvrages...

Cette année contient 161 pièces dont 18 sont anonymes(1). Les 143 pièces signées de noms ou d'initiales appartiennent aux auteurs suivants :

Andrieux, 2; Aubert (abbé); Avy... (abbé); Beaugard, de Marseille; Ber***; Borde, 2; Bourdic (baronne de); C. V. (marquis de), 2; Carnot, cap^e du génie, 4 sig. Carn...; Castéra, 3; Choisy (de), 5; Courtalon; D. L. B., 3; Daillant de la Touche, 5; Damas; D'Anceny, sig. D'An...y; Desaintange; Deschamps; Ducis, 3; Du Fresnoy (Mme); Dupuy des Islets, 3; Fallet; Fulvy (marquis de), 4; Ginguené; Hésèque, 2; Hoffman, 7; Imbert (Barth.); James de Saint-Léger; Kérivalant (de), signé D. K. m. d. c.; La Férandière (marquise de), 5; La Place (de), 5 au lieu de 6, mq. p. 120; La Reynie (abbé de), 2; La Tour de la Montagne; Le Bailli; Lebeau de Schosne (abbé); Lebrun-Pindare, 4; Legrand d'Aussy; Le Long; Le Man-

(1) 2 ne sont pas à la table, pp. 110 et 206.

cel; Le Météyer, secr. du roi: Léonard, 2; Lieutaud; M. D. M.; Marmontel; Maselet, de Douai; Mat... (abbé); Morel (Hyacinthe); Mugnerot; Nogent, d'Avallon, 2; Philippon de La Madelaine; Piis (de), 2; Pons de Verdun, 9; Pothier de Bielle; R.; Raiecki (comte); Rivarol (chevalier de), sig. R.; Roman; Roucher, 2; Sautereau de Bellevaud; Ségur (vicomte de), 2; Sorin; Théveneau, 2; Thomas; Tressan (comte de); Verdier (Mme), 4; Vernes fils, de Genève; Verninac (de) de Saint-Maur, 4; Vigée, 3; Voltaire, 9.

1788. Front. gravé de Poisson représentant un écusson Louis XV suspendu par un nœud à un fronton et entouré de trois côtés par une guirlande de fleurs. il porte *Almanach | des | Muses | 1788.* A la partie inférieure de l'écusson sont accrochés une houlette et un panier de fleurs, accompagnés d'instruments de musique, d'une partition et d'une branche de laurier; plus bas on lit: *A Paris, | Chez Delalain l'aîné et fils, | Libraire rue St Jacques N° 240.* In-12.

3 ff. pour le faux titre, le front. et l'avis aux auteurs, le calendrier. — 272 pp. chiffr. pour les poésies et leur table, pp. 273 à 312 pour la « Notice... » et 2 ff. pour le catalogue des « Livres... ».

Cette année renferme 171 pièces (une manque à la table (1)) dont 13 anonymes. Les 158 signées de noms ou d'initiales se décomposent ainsi:

B.; B. (de); Baris de Galitzin (prince), 2; Barthe, de l'Ac. de Marseille, 2; Béranger (L. P.), 3, dont 2 sig. Ber..; C. V. (marquis de), 3 dont une manque et l'autre est anonyme à la table (2): Carnot, 2, sig. Carn***; Castéra; Châteaugiron (de); Marie-Joseph Chénier; Choderlos de

(1) Manque à la table p. 43: A une jeune et nouvelle mariée.

(2) L'épigr.: *Certain auteur malin que je ne nomme pas*, sig. C. V. (marquis de) est anonyme à la table (p. 22).

Laclos ; Choisy (de), 3 : Cideville (de) ; Collin d'Harleville, 3 ; Cr., acteur du théâtre de Metz ; Crignon d'Orléans, sig. C. ; Crommelin ; Culant (marquis de) ; D. L. M. ; Damas ; D'Anceny (chevalier), 3 ; D'Auriol de Lauraguel (abbé) ; D'Hermitte de Maillane ; Doigny ; Drobecq ; Du Château de Rochebaron ; Dupuy des Islets (chevalier) ; Emilie (Mlle), âgée de 13 ans ; Flins (de), 4 : Frédéric II, roi de Prusse ; Fulvy (marquis de), 2 ; Gaudin (abbé) ; Ginguené ; Gudin de la Brunellerie ; Hoffman ; Imbert, de l'Ac. de Nîmes, 4 ; James de Saint-Léger, 5 ; La B. (de), 5 ; La Férandière (marquise de), 5 sig. la Fer... ; Laugier de Grandchamp (Mme) : Le Bailly, 2 ; Lebeau de Schosne (abbé), 2 ; Lebrun-Pindare, 2 ; Legouvé ; Mallet, de Genève ; Maréchal (Sylvain), 3 sig. le *berger Sylvain* ; Marignier ; Marsollier des Vivetières ; Meude-Monpas (chevalier de) ; Morel (Hyacinthe), 3 sig. Morel d'Avignon ; Murville (de) ; Nogent, 2 ; Par... (baron de), 3 ; Parny (chevalier de), 3 ; Pérez d'Uxo, 3 ; Philippon de La Madelaine ; Pierry ; Piis (de) ; Pons de Verdun, 8 ; Regnault de Beaucaron, 2 ; Reynier ; Rigoley de Juvigny, 2 ; S. M. (comte de) ; Saint-A... (comte de) : Saint-Léger (Mlle de) ; Saint-Péravy, 2 ; Salmon ; Ségur (comte de), 3 sig. Sé ; Sorin ; Thierriat (J. G.) ; Verninac de Saint-Maur (de) ; Vigée, 6 ; Voltaire, 12 ; Ximenez (marquis de), 5 ; le petit Vieillard (pseudonyme), 8.

1789. Front. non signé. Un cartouche suspendu dans un cadre par un nœud Louis XVI est entouré d'une couronne de laurier au milieu de laquelle on lit : *Almanach | des | Muses | 1789 | Prix 36^s* ; au-dessous un médaillon d'Apollon est soutenu par deux amours, avec, au bas, l'adresse du libraire : *A Paris | Chez Delalain | l'ainé et fils, Libraires. | rue St Jacques. n° 240.* In-12.

3 ff. pour le faux titre, le front. et l'avis aux auteurs, le calendrier. — 282 pp. chiffr. pour les poésies et leur table ; pp. 283 à 320 pour la « Notice..... » et 4 pp. pour le catalogue des « Livres..... ».

Cette année contient 157 pièces dont 12 anonymes (1). Les 145 pièces signées de noms ou d'initiales appartiennent aux auteurs suivants :

Alix, avocat au Parlement, sig. Al. ; Andrieux ; B**, auteur du *Voyage en Amérique* en vers, 4 ; Bérenger (L. P.), 2 ; Blanchet (abbé) ; Boisjolin ; Bonnard (chevalier de), 3 ; Bourdic (baronne de), 3 ; Bret, censeur royal ; C. ; Carnot, sig. Carn** ; Cérutti ; Choisy (de) ; Collin d'Harleville, 3 ; Courtois de Longuion ; Cr..., acteur du théâtre de Metz ; Cubières (chevalier de) ; D. G. R. L. ; D. T., 4 ; D'Aguilar (comte), 2 ; Daillant de La Touche, 2 dont 1 p. 86 ; Damas ; D'Anceny, 2 ; Dinvilliers ; Dourneau (abbé), 3 ; Drobecq, 2 ; Duault ; Du M** ; Dupaty (président), 3 ; Dupuy des Islets, 4 ; Emilie (mad^lle) ; Florian (chevalier de) ; Fontanes (de), 2 ; Fulvy (de), 4 ; G. (comte de) ; Gaude (Auguste), 4 ; Guichard ; Imbert (Barth.), 2 ; James de Saint-Léger, 3 ; L. (mad. de) ; La B., capitaine d'infanterie ; La Férandière (marquise de), 5 sig. La Fer... ; La Harpe (de), 3 ; La M.** (comte de) ; La P.** (chevalier de), 4 ; La Tour de La Montagne, 2 ; Laugier de Grandchamp (mad.) ; Le Bailly, 2 ; Le Bastier-Doincourt ; Lebeau de Schosne (abbé), 2 ; Le Marchant, sig. Marchant ; Maréchal (Sylvain), 2 ; Margency (de), gentilh. ord. du roi ; Marmontel, 6 dont 1 p. 108 ; Montesquiou-Fezensac, sig. de M., de l'Ac. fr. ; Morel d'Avignon, 2 ; Mugnerot, 3 ; Murville (de) ; Nogent ; Pardaillan (baron de), 2 ; Parny (chevalier de) ; Pieyre ; Pons de Verdun, 2 ; Reynier ; S. M. (comte de) ; Ségur (comte de), 2 sig. Sé. ; Sorin ; Taillasson, de l'Ac. de Peinture ; Théveneau ; Venance (le P.), de Carcassonne ; Vieillard (le petit), pseudonyme, 3 ; Vigée, 2 ; Villette (marquis de) ; Voltaire, 4 ; Watelet ; Ximenez (marquis de), 6 dont 1 p. 239.

1790. Front. gravé signé Poisson, 1789, représentant un disque sur lequel on lit : *Almanach | des | Muses | 1790. | Prix 36* ; au-dessus une lyre et sur les côtés une draperie accrochée aux montants d'un portique :

(1) Il manque à la table celle de la p. 109.

au-dessous deux palmes de laurier et de roses posées sur un cartouche : *A Paris | Chez Delalain l'aîné et fils, | Libraires, rue St Jacques N° 240.* In-12.

3 ff. pour le faux titre, le front. et l'avis aux auteurs, le calendrier. pp. 19 à 24 pour le Privilège du roi déjà cité du 14 juin 1786. — 300 pp. chiffr. pour les poésies et leur table; pp. 301 à 330 pour la « Notice..... ».

Cette année contient 160 pièces dont 15 sont anonymes. Les 145 pièces signées de noms ou d'initiales appartiennent aux auteurs suivants :

Aignan, 2 dont 1 p. 168 : B. H. D. : Barthe : Beffroy de Reigny, 2 sig. cousin Jacques : Bérenger (L. P.), 5 dont 1 sig Ber** : Boisjolin (de) : Bordeaux ; Bourdic (baronne de), 3 ; Bret : C. (de) ; C. (chevalier de) : Carnot, 2 sig. Carn... ; Carraccioli (marquis de) : Cavalier de Barjols ; Cérutti ; Chénier (M. J.), 2 : Collin d'Harleville, 4 : Courtois de Longuion, 2 : Cubières (de) : D. T., 5 : Damas, 2 : D'Argental, envoyé de Parme : Desaintange : Des Augiers fils : Dourneau (abbé), 3 : Duault : Dufrénoy (mad.) 4 : Dupaty (président) ; Fallet : Florian (chevalier de) ; Fontanes (de), 2 ; Frédéric II, roi de Prusse, 2 ; Frémont, instituteur : Gaude (Auguste), 2 ; Ginguené, 3 : Grainville (de) ; Guyétand : Hoffman, 4 : Imbert (Barth.), 4 : James de Saint-Léger : La Férandière (marquise de), 5 sig. La Fer. ; La Harpe ; La Tour de La Montagne, 2 : La Tremblaye (chevalier de), 5 au lieu de 6, sig. La Tr., mq. p. 204 ; Laugier de Grandchamp (mad.) ; Le Bailli, 2 : Le Bastier Doincourt : Lebeau de Schosne (abbé), 2 : Lebrun-Pindare, 4 : Lefranc ; Legrand, 3 ; Lelong ; Mallet, de Genève, 3 : Meude-Monpas (chevalier de), 2 : Montanclos (mad. de) : Morel (Hyacinthe), 2 ; Mugnerot : Orry de Monpertuy : P., 2 : Pons de Verdun, 8 : Reynier : S. M. (comte de) ; Ségur (comte de), 5 sig. Sé... ; Sourdon de la Corretterie ; Thomas : Ulrique, reine de Suède ; Venance (le Père) : Vigée, 4 ; Voltaire, 3 : Ximenez (marquis de), 4.

1791. Front. gravé non signé. Dans un cadre Louis XVI, au haut duquel est accrochée une guirlande de fleurs, on lit : *Almanach* | *des* | *Muses* | *1791* *Prix 36s* ; au-dessous de ce titre des attributs, un arc, un carquois avec ses flèches, une couronne et des branches de laurier posées sur une plaque qui porte : *A Paris* | *Chez Delalain, l'ainé et fils,* | *Libraires, rue St Jacques, no 240.* In-12.

3 ff. pour le faux titre, le front. et l'avis aux auteurs, le calendrier. — 238 pp. chiffr. pour les poésies et leur table ; pp. 239 à 260 pour la « Notice..... ».

Cette année contient 122 pièces dont 17 sont anonymes (1). Les 105 pièces signées de noms ou d'initiales appartiennent aux auteurs suivants :

Andrieux ; Beauharnais (mad. de) ; Berchoux l'aîné, 2 ; Bérenger (L. P.), 2 ; Boisjolin (J. V.) ; Bourdic (mad. de), 2 ; Carnot, sig. Carn.. ; Cérutti, 2 ; Ch., à la table C ; Chénier (M. J.) ; Collé ; Collin d'Harleville, 3 ; Conjon (de) ; Cubières (de), 2 ; D. F., p. 214 ; D. L., p. 200 ; D. T., 3 sig. à la table D. F. ; Desaintange, 2 ; Désaugiers le fils ; Desfontaines ; Devaux ; Dourneau (abbé), 2 ; Drobecq, 2 dont 1 p. 68 ; Duault, 2 ; Dufrénoy (mad.), 3 ; Ferlus (abbé) ; Fontanes (de) ; Ginguené, 3 ; Guyétand, 2 ; Hoffman, 2 ; Huchet ; Imbert (Barth.), 3 ; Imbert de Champ-réal, 3 sig. I. D. C. R. ; Jaucourt (Sophie de), 2 ; La Férandière (de), 5 sig. La Fer... ; La G. p. 50 ; La Harpe ; Lallemand ; La Tour de la Montagne, 3 ; La Tremblaye (de), 5 sig. La Tremb.... ; Lebeau de Schosne (abbé), 3 ; Lebrun-Pindare ; Mayet, directeur des manufactures de Berlin ; Morel (Hyacinthe), 5 sig. M. ; Marsollier des Vivetières ; Mugnerot ; Mutel ; Parisot (abbé) ; Pasquet ; Pidou ; Pieyre ; Pons de Verdun ; Reynier, 3 ; S. ; Sélis, de l'Ac. de Berlin, 2 ; Th. fils ; Th. de L. ; Th. (chevalier de) ; Venance (le Père) ; Vigée, 2 ; Ximenez.

1792. Front. gravé non signé. Dans un encadrement très sobre, une draperie où se lit : *Almanach* |

(1) La table des anonymes mentionne 17 pièces dont une est signée D. L., par contre il y manque une épigramme p. 46.

des | *Muses* | *1792* | *Prix 36* ; le milieu de la draperie masque le haut d'un Lyre entourée de deux branches de laurier..... et au-dessous : *A Paris* | *Chez Delalain, l'ainé et fils,* | *Libraires, rue St Jacques, n° 240.* In-12.

3 ff. pour le faux titre, le front. et l'avis aux auteurs, le calendrier. — 248 pp. chiffr. pour les poésies et leur table ; pp. 249 à 276 pour la « Notice..... ».

Cette année contient 139 pièces dont 18 sont anonymes(1). Les 121 pièces signées de noms ou d'initiales appartiennent aux auteurs suivants :

Andrieux ; Beauharnais (comtesse de) ; Bellonet (abbé) ; Bérenger (L. P.) ; Berquin ; Bordeaux ; Bourdic (mad. de), 2 ; Burat (abbé) ; C. ; Carnot, député à l'Assemblée nat., sig. Carn... ; Chabanon (de), 8 ; Chénier (M. J.) ; Choisy (de), 5 ; Collin d'Harleville, 2 ; Cubières (de), 2 ; D. G. ; Damin ; Desaintange, 5 ; Doigny, 3 ; Dorat, 2 ; Doreau p. 147 ; Dougados, ci-devant le P. Venance ; Dourneau (abbé), 2 ; Drobecq ; Duault, 2 ; Dufrénoy (mad.), 4 ; Faucompret ; Fauleon (Félix), député ; Flins (de) ; Fon..., de Lyon ; Gaborit, de Clisson ; Imbert (Barth.) ; Imbert de Champ-réal, 2 sig. Imb. de C. ; Jame (J. N.), 3 ; Jaucourt (Sophie de), 2 ; La Férandière (mad. de), 5 sig. La Fer... ; La Serrie (de) ; La Tour La Montagne ; Lebeau de Schosne (abbé), 2 ; Lebrun-Pindare, 6 dont p. 96 n. s. ; Lefèvre (Cl.), 2 ; Legouvé ; Le Long, homme de loi, à Rennes, 2 dont 1 p. 190 ; M., p. 114 ; Miger, p. 48 ; Mugnerot, 2 ; Murville, 2 ; Notaris ; P. (de) ; Pezay (de), 2 ; Picard (L. B.), 2 ; Pillet (Fabien) ; Prélong, 2 ; Raffanelli ; Reynier, 4 ; Roucher ; Rulhières (de), 3 ; S., 2 ; Saint-Péravi, la pièce indiq. à la table manque ; Ségur (comte de), sig. Sé... l'ainé ; Sélis, 2 ; Sérieys ; Tilly (Alexandre) ; Vigée, 3 ; Ximenès, 2.

(1) La table indique 20 pièces anonymes, mais deux n'y sont pas mentionnées pp. 180 et 209, par contre trois pièces anonymes sont signées Doreau, M. et Miger ; une p. 109 manque dans le texte (elle sera dans 1793) et une est de Lebrun-Pindare.

1793. Front. gravé de Poisson daté de 1792. Dans un encadrement Louis XVI un cartouche est suspendu par un nœud de ruban qui relie deux guirlandes de fleurs retombant des deux côtés du cartouche sur lequel on lit : *Almanach | des | Muses | 1793 | Prix 36* ; au-dessous une lyre accompagnée de deux branches de laurier posée sur une plaque qui porte : *A Paris | Chez Delalain l'ainé et fils. | Libraires rue St Jacques n° 240.* In-12.

3 ff. pour le faux titre, le front. et l'avis aux auteurs, le calendrier. — 244 pp. chiffr. pour les poésies et leur table ; pp. 245 à 262 pour la « Notice..... ».

A la table chaque nom est précédé de : *Le citoyen* ou *Le C.* et une note précise que les poésies portent encore M. (Monsieur) parce que l'impression était commencée avant que l'usage de « Citoyen » fût généralement établi.

Cette année 1793 contient 128 pièces dont 21 anonymes (1). Les 107 pièces signées de noms ou d'initiales appartiennent aux auteurs suivants :

Andrieux, 2 ; B. D. W. ; Borelli ; Boufflers, 2 ; Barat (abbé) ; Campenon le jeune, de Sens, 2 ; Castéra ; Ch. (L.) ; Chabanon, 2 ; Charlemagne (Armand J.), 4 ; Choisy, 2 ; Collé, 2 ; Collin d'Harleville, 3 ; Dorat-Cubières, 3 ; Demoustier ; Desaintange, 3 ; Désaugiers ; Despazes (Joseph) ; Doigny, 2 ; Dourneau, 6 ; Drobecq, 3 ; Ducis ; Ducray-Duminil ; Ducroisy ; F., p. 152 ; Fauconpret ; Florian, 4 ; Fontanes (de) ; François de Neufchateau ; G. ; Gamas ; Grainville ; Guichard, 4 sig. G.....d ; Guyétand ; Hoffman ; James ; Jaucourt (Sophie de), 2 ; La Chabéaussière, 2 ; La Férandière (citoyenne), 4 sig. La Fer... ; La Harpe, 2 ; Lebrun-Pindare, p. 189 ; Lefévre (Cl.) ; Lelong, p. 166 ; Levrier-Champrion ; Lilleferme ; Masson de Morvilliers, 2 ; Ménard ; Miger ; Montassi ; Pidou ; Pillet (Fabien), 2 ; Piron ; Reynier ; Rochemont (L.), 3 ; Rougez (Rouget de

(1) La table des anonymes mentionne 20 pièces ; une est de Lebrun-Pindare. Il y manque celles des pp. 42 et 84.

l'Isle); Rulhières; S. R.; Saint-Péravi; Thomas; Trouvé; Turgot, contrôleur général, 3; Vigée, 4; Ximenez.

1794. Front. gravé, daté de l'an 2 de la R. F. une et indivisible, représentant, au bas d'une pyramide, dans un médaillon rond le portrait d'Apollon entouré d'une lyre, d'un livre et de lauriers. Sous ce médaillon une draperie, sur laquelle on lit : *Almanach | des | Muses | 1794 vieux style | Prix 48 sols*, repose en partie sur des médaillons disposés par trois où se voient les neuf Muses. Au bas: *A Paris | Chez Delalain l'ainé | Rue Jaque n° 140* (sic). In-12.

3 ff. pour le faux titre, le front. et l' « Avertissement » aux auteurs, le calendrier. — 214 pp. chiffr. pour les poésies et leur table; pp. 215 à 240 pour la « Notice..... ».
Toutes les pièces signées sont précédées du qualificatif: *Par le C.* (citoyen).

Cette année contient 128 pièces dont 21 sont anonymes. Les 107 pièces signées de noms ou d'initiales appartiennent aux auteurs suivants :

A. et H., p. 76; Andrieux; B., 3; Beffroy de Reigny, sig. Cousin Jacques; Bellonet; Boinvilliers, 2; Bordeaux, 2; Bret; C., 2; Charlemagne (Armand), 4; Chénier (M. J.), 3; Corancez; Desaintange, 3; Desforges; Desprez-Valmont; Doigny; Dourneau, 4; Drobecq, 2; Duault; Ducis, 2; Ducroisy; F.; Ferlus; Florian, 12; François, peintre; Garlicourt; Gaudbert (C. J.); Guichard, 3; Hoffman; James; La Harpe; Lallemand, cap. des volontaires de Paris; Lamotte (Benoit), 3; Laplace (de); Lebrun-Pindare, 8; Linguet, 2; Longchamps (Ch.), 5; Mallet, 3; Marandon; Marsollier; Notaris, 2; Paris; Pillet (Fabien), 2; Rochemont; S.; Sade (le citoyen de); Saint-Péravi; Salles, 2; Say (Atticus); Sedaine; T. (citoyenne); V.; Valant; Valcour (A.); Voltaire; Ximenez, 3 dont 1 n. s. dans le texte.

1795. *Almanach | des Muses, | pour l'an troisième | de la République françoise. | 1795 (vieux style). | A Paris, | Chez Louis, Libraire, rue Severin, n° 29. | An III de la République françoise.* In-12.

Faux titre, dessin de Queverdo gravé par Gaucher. « La Liberté couronne Apollon », le titre imprimé, l'Avertissement et le calendrier. — 219 pp. chiffr. pour les poésies, pp. 1 à 7 pour la table des poésies et pp. 8 à 32 pour la « Notice des ouvrages de poésie ».

L' « Avertissement » précise que « ... sans afficher le titre de *Républicain*, l'*Almanach des Muses* l'a été véritablement depuis le commencement de la Révolution, l'Editeur ayant toujours inséré de préférence les meilleures pièces patriotiques, il le sera plus spécialement par la suite... » sans exclure les autres genres de poésie.

Cette année 1795 contient 133 pièces dont 20 sont anonymes(1). Les 113 pièces signées de noms ou d'initiales appartiennent aux auteurs suivants :

Andrieux ; B..., 3(2) ; Chabanon, 2 ; Charbonnier ; Charlemagne (Armand), 2 ; Chénier (M. J.), 3 ; Collin d'Harleville, 3 ; Coupigny (Cl. F.), de la comm^re de la Marine ; Crosmont ; Demoustier ; Desaintange, 2 ; Désorgues, 2 ; Desparze ; Dossion ; Doureau ; Drobecq, 2 ; Duault ; Ducis ; Dumorier ; Fabre d'Olivet ; Fauconpret ; Florian, 5 ; François de Neufchateau ; G. ; I. ; J. ; James ; Jauffret ; Laharpe ; Lamontagne (P. de) ; Lamothe (Benoit), 3 ; Laplace ; Latour de La Montagne ; Lebrun-Pindare, 4 ; Lefèvre (Cl.) ; Léger ; Lelong ; Marandon, 4 dont 2 pp. 139 et 212 ; Michaud, 2 ; Miger ; Mugnerot, 2 ; Murville ; Noël ; Notaris, 5 ; Parny ; Piis, 4 ; Pillet (Fabien) ; Pipelet (Constance), 4 ; Pons de Verdun, 8 ; R. sig. C. à la table ; Rochemont ; Roi ; Roucher (feu), sig. R. ; S. ; Simonneau,

(1) La table porte 17 pièces anonymes, mais une est de Dumorier qui est à ce nom, soit 16 pièces, il y manque les pièces anonymes des pp. 98, 128, 182 et 196.

(2) L'initiale B est à la table sous deux rubriques, la première avec 1 pièce, la seconde avec 2.

2; Théveneau; Viot (la citoyenne), 4 sig. V.; Vigée, 6; Voltaire, 2; Ximenez, 2.

1796. *Almanach | des Muses, | pour l'an quatrième | de la République françoise. | 1796 (vieux style) | A Paris, | chez Louis, Libraire, rue Severin, n° 29. | An IVe (1796).* In-12.

Faux titre, gravure de L. Bovinet d'après Maréchal datée de 1796, représentant Apollon triomphant de l'ignorance..., le titre imprimé, le calendrier de 1796, 255 pp. chiffr. (la dernière par erreur 155) pour les poésies; pp. 257 à 280 pour la « Notice des ouvrages de poésie qui ont paru l'an troisième ».

Cette année contient 137 pièces (la table n'en mentionne que 135) dont dix anonymes(1), soit 127 sig. de noms ou d'initiales qui se décomposent ainsi :

Andrieux; Anson (G.), 2; B. P., 4 dont une sig. B. dans le texte; Baour-Lormian; Beaufort (la citoyenne), 2; Bernardin de Saint-Pierre; Berquin; Cailly; Chalanon, 3; Chamfort, 3 au lieu de quatre à la table (2); Charlemagne (Armand); Chénier (André); Chénier (Marie Joseph); Collin d'Harleville; Corancez (Olivier); Croizetière, 2; Crosmont; Crouzet, élève de l'Ecole normale; Delille, 2; Demoustier; Desaintange, 2; Désorgues (Théodore), 5; Despazes (Joseph), 3 dont une n'est pas à la table (3); Detheil, 2; Doigny, 3; Drobecq, 3; Duault; Dubois (Louis); Duclos (Gilbert); Dufrénoy (mad.), 3; Duval (Amaury); F., 2; Fauconpret; Faulcon (Félix); Ferlus; Fontanes; François de Neufchateau; G.; Guichard, 4; Guyétand; Hérault de Séchelles; Hoffman; Jauffret;

(1) La table ne mentionne que dix pièces anonymes dont une répétée deux fois *Le Chanteur* et la pièce de la p. 215 est omise. Reste 8 pièces, les 2 pièces qui manquent à cette table sont aux pages 138 et 153.

(2) Celle de la p. 216 : « Epigramme » paraît manquer.

(3) L'Epigramme de la p. 56 : *Sinval auteur d'un jour, Narcisse littéraire.*

Laharpe, 3 dont une sig. Lah. n'est pas à la table(1); Lebrun-Pindare, 8; Lefèvre (Cl.), secrét. général de la Trésorerie nationale; Legay; Legouvé, 2; Lelong, 3; Lemaurier; Longchamps (Ch.); Luce; M., 2 au lieu de trois à la table(2); Marandon, 2; Marmontel, 2; Montjourdain; Morel (Hyacinthe); Mugnerot, 3; Noël; Orell, bailli de Fravenfeld en Suisse; P., 2 dont une sig. V. à la table(3); Piis, 2; Pillet (Fabien); Pipelet (la citoyenne), 2; Pougens (Ch.); Rochemore; Rousseau (J.-J.); S.(4); Ségur, puîné; Turgot, ancien contrôleur général; V., une au lieu de 2, l'autre sig. P.; Valant; Verny; Vigée, 3; Ximenez (marquis de), 2.

1797. *Almanach | des | Muses, | pour l'an Ve | de la République françoise | 1797 vieux style. | Prix br. 36 s. et 48 s. franc de port | A Paris, | Chez Louis, Libraire, rue Severin, n° 110 | An V-1797.* In-12.

Faux titre, gravure d'Audran d'après Verdagur représentant Apollon entouré de jeunes amours, montrant la paix (symbolisée par une jeune femme tenant d'une main une couronne de laurier et de l'autre un carquois contenant des épis) avec au bas cette légende : « Aux Beaux-Arts éplorés, il annonce la Paix »; le titre imprimé et le calendrier pour 1797. — 257 pp. chiffr. pour les poésies et leur table et pp. 259 à 275 pour la « Notice des ouvrages de poésie qui ont paru l'an quatrième ».

Cette année contient 140 poésies dont 4 anonymes. Les 136 signées de noms ou d'initiales se décomposent ainsi :

Andrieux, 2; Audouin; B., 3; Bary; Beaufort (la citoyenne), 3; Blin de Sainmore, Boinvilliers, 2; Brugnier;

(1) P. 190. Rép. d'un ci-devant académicien aux sarcasmes de deux de ses confrères : *Vous connaissez Chamfort ce maigre bel esprit.*

(2) P. 46. Le paysan à confesse manque.

(3) P. 190. Le Perroquet révolutionnaire.

(4) P. 65. Epigr. *Hélas les gens d'esprit sont quelquefois des bêtes.*

Chamfort, 6 ; Charlemagne (Armand) ; Croizetière, 2 ; D., 4 ; Damas ; Delille, 2 ; Demore ; Désorgues (Théodore), 3 ; Doigny ; Drobecq. 4 ; Duault ; Du Deffant (Mme) : F. (1) ; Faucompret ; Faulcon (Félix) ; Favier ; Ferlus ; Flins ; Florian ; Fontanes, 2 ; Gr. ; Gay (Mary) ; Gresset ; Guibert ; Guichard, 4 ; H. (C.) ; Hoffman, 2 ; James de Saint-Léger ; Kivalant, 2 ; L., 2 ; La Chabéaussière ; La Correttcrie, 2 ; Ladmiral ; Lallemand ; La Rivière (Henri), 2 ; Lebrun-Pindare, 5 ; Legouvé, 2 ; Lemazurier ; M., 2 ; Macquart (L.) ; Mallet, de Genève, 3 ; Mancini-Nivernois (le duc de), 9 ; Marandon ; Marmontel, 2 ; Masson de Morvilliers ; Morel (Hyacinthe) ; Mortier (A.) ; Mugnerot ; Mus. ; Parny, 2 ; Pillet (Fabien), 4 ; Pipelet (la citoyenne), 2 ; Piron ; S., 2 ; Saint-Cir ; Saint-Lambert, 7 au lieu de 8 (1) ; Ségur (comte de), sig. S* ; Thomas ; Valant, 2 ; Varon ; Vigée ; Viot (la citoyenne) sig. la Citoy. V, ci-devant Mme de Bourdic, 2 : Vitallis (Ant.), 2 ; W. : Ximenès (marquis de), 2.

1798. *Almanach | des Muses | pour l'an VIe | de la République française. | 1798 vieux style|... A Paris, | Chez Louis, Libraire, rue Severin, no 110 | An VI-1798.* In-12.

Faux titre, gravure de L. Bovinet d'après Chaillou, le titre imprimé et le calendrier. — 268 pp. chiffr. pour les poésies et leur table, pp. 269 à 296 pour la « Notice des ouvrages de poésie qui ont paru l'an cinquième ».

Cette année comprend 154 pièces (145 figurent seulement à la table) (2), dont vingt-trois anonymes. Les 131 pièces signées de noms ou d'initiales se décomposent ainsi :

(1) La table porte 8 pièces de Saint-Lambert, il y en a une qui manque dans le texte, p. 56 « Epitaphe », par contre la pièce sig. F. p. 131, n'est pas à la table : « Le voleur en règle. »

(2) La différence de 9 se divise entre cinq anonymes (pp. 87, 102, 108, 162, 166 couplet), et quatre signées.

Andrieux ; Arnault (A. V.), 4 ; B. ; Boisjolin ; Campenon (Vincent) ; Charlemagne (Armand) ; Chênedollé ; Chénier (Marie-Joseph), 3 ; Collin d'Harleville ; Croizetière ; Cromont ; D., 2 dont 1 p. 144 ; Damin ; Deguerle, 3 ; Delandine, 2 ; Delille, 2 ; Demautort ; Demoustier ; Denesle (F. O.) ; Des*** ; Desaintange, 2 ; Desgranges fils ; Désorgues (Théodore), 3 ; Despaze (Joseph), 3 ; Desprez, 2 ; D'Hautpoul, ci-devant Mme de Beaufort, 3 ; Didot (Pierre) ; Drobecq, 4 ; Durault, 2 ; Ducray-Duminil ; Faulcon (Félix) ; G. (J. L.) ; Ginguené ; Gresset, 2 ; Guichard, 3, dont une sig. G. ; H. ; Hennet ; James de Saint-Léger ; Kivalant, 2 ; La Chabeaussière ; La Férandière (citoyenne), 2 sig. La Fer.. ; Larnac, 3 ; Lebrun-Pindare, 7 ; Le Fèvre (Cl.), 2 ; Le Gay ; Legouvé ; Lelong ; Lemarquant ; Lemazurier, 3, dont une p. 184 ; Mancini-Nivernois (duc de), 3 ; Masson de Morvilliers ; Monvel, 2 ; Morel (Hyacinthe) ; Noël ; Nogaret (Félix) ; P. C. J. G., p. 91 ; P. L. ; Parny ; Piis ; Pillet (Fabien), 3 ; Pipelet (Constance), 3 ; Pons de Verdun, 3 ; R. F., p. 210 ; Roucher ; Rouget de Lisle (Joseph) ; S. ; Saint-Lambert, 2 dont une p. 227 ; Sauvigny ; Ségur l'aîné, 6 ; Ségur le jeune ; Sélis, 2 ; Vigée, 3 ; Viot (citoyenne), 2 ; Vitallis.

1799. *Almanach | des Muses, | pour l'an VII | de la République française... | A Paris, | Chez Louis, Libraire, rue Séverin, n° 110. | An VII.* | In-12.

Faux titre, gravure de Bacquoy d'après Chaillou avec au bas ces deux vers : *De bouquets et de vers, c'est Flore et Polymnie | Faisant un doux hommage au Dieu de l'harmonie,* le titre imprimé et le calendrier pour 1799 ; 280 pp. pour les poésies et leur table ; pp. 281 à 314 pour la « Notice des ouvrages de poésie qui ont paru l'an sixième. »

Cette année renferme 148 pièces dont vingt-cinq (1) anonymes. Les 123 pièces signées de noms ou d'initiales se décomposent ainsi :

(1) A la table les anonymes comptent 26 pièces, mais une sig. M. M. y figure.

Alibert; Andrieux, 3; Arnault, 4; B.; B. V. (citoyenne), 2; Baour-Lormian, 2; Beauharnais (Fanny de); Bretin, 2; Chamfort, 3; Charlemagne (Armand); Chas.; Chazet; Chênedollé; Coupigny; Creuzé; Croizetière, 2; Crosmont; D. (la citoyenne); D. S. C.; Daru; Davrigny; Deguerle, 2; Delandine; Delille, 3; Demore; Denesle; Desaintange; Désorgues (Théodore); Doigny; Drobecq, 3; Duputel; Faulcon (Félix); Fayolle, 2; Ferlus; Goullé (Armand); Guichard; Hoffman; Kivalant, 3; L.; L. L.; La Chabeaussière, 2; La Férandière (citoyenne) sig. La Fer...; Laharpe, 2; Laya; Le Bouteiller; Lebrun-Pindare; Lefèvre (Cl.); Legouvé, 6; Le Mercier (Louis); Léonard, 2; Le Prévost d'Iray, 2; Limoges; Luce; M.; M. M.; Mancini-Nivernois (duc de), 2; Marignié; Michelon; Miger; Monvel fils; Mugnerot; Palissot; Parny, 2; Philippon de la Madelaine; Piis; Pipelet (Constance); Raffié; Roger; Saint-Lambert (de); Ségur aîné, 3; Th. (citoyenne); Vigée, 7; Vitallis, 2; Ximenès (marquis de).

1800. *Almanach | des Muses, | pour l'an VIII | de la République française. | ... | A Paris, | Chez Louis, Libraire, rue Severin, n° 110. | An VIII.* In-12.

Faux titre, jolie gravure n. s. représentant Apollon faisant fixer par des Amours les médaillons des poëtes sur une pyramide précédant le Temple de Mémoire, titre imprimé et calendrier de 1800. — 264 pp. pour les poésies et leur table; pp. 265 à 324 pour la « Notice des ouvrages de poésie qui ont paru l'an septième. »

Cette année contient 128 pièces dont 11 anonymes(1). Les 118 pièces signées de noms ou d'initiales appartiennent aux auteurs suivants :

Arnault; Babois (la citoyenne Victoire) sig. B.; Baour-Lormian; Barthe, 2; Boinvilliers; Boisjolin; Boucher; Bourgueil; Campenon (Vincent); Charlemagne (Armand); Chas, 2; Chazet; Chénier (Marie-Joseph); Collin d'Harle-

(1) Une est de Lebrun.

ville; Coriolis; Coupigny, 4; Courtois-Longuion; Croizetière, 2; Deguerle, 4; Delandine; Desaintange, 5; Désorgues (Théodore); Despaze (Joseph), 4; Desprez; Doigny; Drobecq, 3; Ducault, 3; Ducis, 2; Dufrénoy (la citoyenne); Du Paty (Emmanuel); Fayolle, 2; Fléins; Fontanes; Garr...; Guichard, 2; Kivalant, 9; L. C.; Lablée, 4; La Bretonnière, 2; La Chabeaussière; La Harpe, 3; Laya; Le Bailly; Lebrun-Pindare, 5 dont une p. 231; Legouvé; Lemazurier; Lemercier (Louis), 3; Le Prévost d'Iray, 2; Mancini-Nivernois (duc de); Nanteuil (Ch.); Nogaret (Félix), 2; Philippon de la Madelaine; Pillet (Fabien), 3; Pipelet (Constance), sig. C. P. (la citoyenne); Rivière; Roger, 2; Ségur (Louis) aîné; Ségur (Joseph-Alexandre); Steck (mad.) ci-devant Guichelin; Thiard; Vernety, 2; Verny; Vigée, 4; Viot (la citoyenne) ci-devant Bourdic; Voltaire, 2.

1801. *Almanach | des Muses | pour l'an IX | de la République française. | (marque du lib.). | A Paris, | Chez Louis, Libraire, rue S. Severin, n° 110 | An IX-1801.* In-12.

Faux titre, gravure de Dambrun d'après Bornet représentant les Muses enchaînées par les Amours qui écoutent Apollon jouant de la Lyre dans les Cieux, le titre imprimé et le calendrier de 1801. — 273 pp. chiffr. pour les Poésies et leur table; pp. 274 à 354 pour la « Notice des ouvrages de poésie qui ont paru l'an huitième. »

Cette année comprend 166 pièces dont 16 anonymes. Les 150 pièces signées de noms ou d'initiales appartiennent aux auteurs suivants :

Agniel; Aubert (L.), 4; Authenac; Bessin (Isidore); Boinviliers; Bonnaud (D.); Bourdic-Viot (Mme de), 2; C. J. D. L., 3; Campenon (Vincent), 2; Castel; Chabanon; Chamfort; Charlemagne (Armand), 3 dont une anonyme mais signée à la table; Chas, 2; Coriolis; Coupigny, 4; Croizetière, 5; Daru; Deguerle, 7; Delandine; Delille, 3; Demore; Demoustier; Desaintange; Désorgues (Théodore); D'Hautpoul (Mme), ci-devant de Beaufort, 2; Doigny; Dorat, 2; Drobecq; Duault, 2; Dufrénoy (Mme), 2; Dupont de Nemours; Duramé ou Durameau (Mme), ci-devant Vve Colonna Ornano; Dutremblay, 4; Esménard; Faulcon (Félix); Fayolle, 6; Giraud; Gobet, 6; Gudin; Guichard; Hentiou; Kérivalant, 4; Lablée, 2; La Chabeaussière; Lalanne; Larnac; Le Bailly; Lebrun-Pindare, 6; Lefer; Legouvé; Lemaitre-Bonilleau; Lemière; Le Prévost d'Iray, 3; Luce de Lancival; Masson; Mellinet aîné; Michelon; Millevoye, 2; Morel (Hyacinthe); Mortier fils; Noël; Nogaret (Félix); Palissot, 2; Parny; Piis; Pillet (Fabien), 4; Pinières, 2; Pons de Verdun; Raboteau; Racine père; Regnault-Beaucaron, 2; Roger, 2; Rulhières; Sabatier, de Cavaillon; Saint-Aulaire (de); Saint-Geniès (Léonce de), 3; Salverte (Eusèbe); Ségur aîné; Théveneau, 2; Thierriat; Vernery (H.), 2; Vigée, 2; Watelet.

1802. *Almanach | des Muses, | pour l'an X. | Trente-huitième volume de la Collection. | marque du libraire. | A Paris, | Chez Louis, Libraire, rue de Savoie, n° 12. | (X) 1802.* In-12.

Faux titre, gravure non signée représentant les poètes et les poétesses allant au temple d'Apollon, le titre imprimé et le calendrier de 1802. — 262 pp. chiffr. pour les poésies et leur table, pp. 263 à 300 pour la « Notice des ouvrages de poésie qui ont paru l'an neuvième ».

Cette année renferme 164 pièces dont 15 anonymes. Les 149 pièces signées de noms ou d'initiales appartiennent aux auteurs suivants :

Arnault; Authenac; Banset; Bessin (Alex. J.); Bessin (Isidore); Bignon, 2; Blanchard de La Musse; Boufflers (de); Boufflers (Mme de); Bourdic-Viot (Mme) sig. B. V. (p. 241); Campenon (Vincent), 2; Chabanon; Chas, 2; Chênedollé, 3; Chénier (André); Choderlos de Laclos; Coupigny, 3; Cournand; Damin (L.), 2; D. (Ernest); Deguerle, 4; Delandine, 2; Demoustier; Desaintange, 6; Destourmel; Deville (A.); D'Hou... (Mme), 2; Didetot; Doigny; Ducis, 2; Duplessy; Du Tremblay, 4; Esménard, 2; Fayolle; Flins; Gaston; Gillet; Gobet, 8; Grenus; Guichard; Haydel; Henrion; J. L. G.; Jolliveau (Mme); Kérivalant, 4; L.; La Bretonnière; La Chabéaussière, 3; Ladoucette; Lafontaine (de); Laharpe, 2; Lalanne; Lamontagne (P. de), 2; Le Bailly, 2; Lebrun-Pindare, 4; Lefranc de Pompignan; Lemazurier; Lemercier; Luce de Lancival; Maisonny-Lauréal; Marignié, 2; Masson; Mellinet aîné, 2; Ménégaut; Mercier (L. S.); Michaud; Michelon; Millevoye, 2; Morel (Hyacinthe), 2; Nanteuil; Nogaret (Félix), 2; Parny; Pinière, 2; Pipelet (Constance); Pons de Verdun, 11; Ranchin, de Castres; Rivarol l'aîné; Roger; Rulhières, 2; Saint-Geniès (Léonce de); Ségur l'aîné, 3; Thomas; Tressan, 2; Vernety (C. H.); Vigée, 2; Villiers; Voltaire.

1803. *Almanach | des Muses, | pour l'an XI. | Trente-neuvième volume de la Collection. | marque du libraire. | A Paris, | Chez Louis, libraire, rue de Savoie, n° 12 | (XI) 1803.* In-12.

Faux titre, jolie gravure représentant l'Amour arrivant nu dans un couvent où les religieuses s'empressent de le revêtir de l'habit monastique, avec au bas ces quatre vers : *Mesdames, je vous vis avec empressement, | Et d'un air tant soit peu mystique, | L'affubler en le caressant, | De tout l'attirail monastique | Le Songe*, p. 68, | le titre imprimé et le calendrier. — 276 pp. chiffr. pour les poésies et leur table; pp. 277 à 323 pour la « Notice des ouvrages de poésie qui ont paru l'an dixième ».

Cette année contient 167 pièces dont 11 anonymes. Les 156 pièces signées de noms ou d'initiales appartiennent aux auteurs suivants :

Agniel, 2; Andrieux; Aubert (L.), 6; Baour-Lormian, 5; Bastard aîné; Beauharnais (Fanny de); Blanchard de La Musse; Boinvilliers; Boufflers; C. B. D. L.; C. J. L. D., 2; Campenon (Vincent), 3; Chas; Chênedollé; Clément; Colleville, de Caen; Collin d'Harleville; Coupigny;

Damin; Daru; Deguerle; Delille 3; Demore; Demoustier; Dereboul-Berville; Desaintange, 2; Devonshire (duchesse de); Drobecq, 4; Dupré (Emile), 3; Esménard, 2; Fayolle; Formage; Gaston (Hyacinthe), 2; Géraud (S. E.), de Bordeaux, 2; Ginguené; Gobet, 14; Gouffé (Armand), 2; Grenus (J. L.); Guichard; Henrion; Hoffman, 9; Hubin (C.); Joliveau (Mme), 2; Kérivalant; Lablée; La Blétérie; La Bouisse (Auguste de), 2; La Chabeaussière, 3; Laharpe, 2; Lalanne; Lamontagne (P. de); Le Bailly, 2; Lebrun-Pindare; Legouvé, 3; Lemercier (Louis), 3; Leroy, peintre; Martin d'Ingrande; Millevoye, 2; Nieulant (de); Noël (J. M.), 3; Nogaret (Félix), 2; P. (Félix); Pasquet, 2; Péricaud (A.), sig. A. P...d, de Lyon; Philippon de la Madelaine; Piis; Pillet (Fabien), 2; Pipelet (Constance); Ponsardin (Simon); Pons de Verdun, 8; Pothier de Bielle; Radet; Roger, 3; Ségur l'aîné; Syntaxe; Talairat; Thomas, 2; Tressan; Vigée, 3; Voltaire; Ximenès, 2.

1804. *Almanach | des Muses, | pour l'an XII. | Quarantième volume de la Collection. | marque du libraire | A Paris, | Chez Louis, libraire, rue de Savoie, n° 12 | (XII) 1804.* In-12.

Faux titre, gravure de Dien d'après Monnet avec au bas ces quatre vers : *Quel spectacle touchant, quand d'une main tremblante, | On vous vit de festons décorer un tombeau ; | Et de l'autre à la fois timide et caressante, | De Zilia, sans bruit, agiter le berceau* (p. 82), le titre imprimé et le calendrier pour 1804. — 264 pp. chiffr. pour les poésies et leur table, pp. 265 à 299 pour la « Notice des ouvrages de poésie qui ont paru l'an onzième ».

Cette année renferme 169 pièces dont 21 anonymes (une manque à la table). Les 148 pièces signées de noms ou d'initiales appartiennent aux auteurs suivants :

Agniel; Arnault (A. V.), 3; Aubert (L.), 6; B. (Mme de); Baour-Lormian, 3; Beauvoir; Bernard (Gentil); Boinvilliers, 3; Boisard, 7; Bréghot; Butignot; Chas; Chevalier, de Saint-Amand, 2; Coupigny; Croizelière, 6; Damin;

Daru, 2 ; Deguerle ; Delille, 3 ; Desaintange, 4 ; Drobecq ; Duault, 5 ; Dubois (L.) ; Ducis, 2 ; Dumaniant ; Dupré (Emile), 2 ; Dutreillis ; Ed. ; Fayolle ; Forget ; Gaston (Hyacinthe) ; Gaudefroy ; Gensoul (Justin), 4 ; Ginguené ; Gobet, 8 ; Gouffé (Armand), 5 ; Gresset ; Guichard ; Haydel ; Hoffman ; Kérivalant, 3 ; La Harpe, 2 ; Lalanne ; La Perronnière (Henri de) ; La Popelinière ; Le Bailly ; Lebrun-Pindare ; Lemazurier ; M. J. P. ; Marguerit ; Mauduit ; Mély-Janin ; Mézès ; Michelon ; Millevoye, 4 ; Morel ; Noël, 2 ; P. (Ph. de), 2 ; Palissot, 2 ; Parny, 2 ; Perrier (Mme), 4 ; Philippon de la Madelaine ; Pipelet (Constance) ; Piron ; Pons de Verdun ; Racine (Jean) ; S. M. ; Samson ; Ségur aîné ; Surville (Clotilde de), 3 ; Talairat ; Tardy, 2 ; Vigée, 3 ; Voltaire, 8.

1805. *Almanach* | *des* | *Muses, pour l'an XIII.* | *Quarante-unième volume de la Collection.* | *marque du libraire.* | *A Paris, Chez F. Louis, libraire rue de Savoie, n° 12.* | *(XIII) 1805.* In-12.

Faux titre, gravure de Noël d'après C. Monnet, avec au bas ces quatre vers : *Un voile humide et mouillé de ses eaux* | *Marquait le nu des trésors de son âge ;* | *Ses longs cheveux, enlacés de roseaux,* | *Etaient ornés des fleurs de son rivage, etc.* | P. 115|. le titre imprimé et le calendrier pour l'an XIII. — 264 pp. chiffr. pour les poésies et leur table ; p. 265 à 296 pour la « Notice des ouvrages de poésie qui ont paru l'an douzième ».

Cette année contient 180 pièces dont 16 anonymes. Les 164 signées de noms ou d'initiales, dont une anonyme qui est de P. Corneille, appartiennent aux auteurs suivants :

Aignan ; Andrieux ; Antignac ; Aubert (L.), 3 ; Balisson de Rougemont ; Baour-Lormian, 4 ; Beaufort d'Hautpoul (Mme), 3 ; Bernard ; Blanchard de La Musse, 2 ; Boisard, 7 ; Boufflers, 3 ; Bourgueil ; Bréghot, 2 ; Butignot ; Capelle ; Chas, 2 ; Chevalier, de Saint-Amant, 3 ; Corneille (P.),

p. 49 (1) ; Cornette, Cossard ; Croizetière, 2 ; D. ; Damin ; Delille, 2 ; Demoustier, 2 ; D'Houtte... (Mme) ; Dourneau ; Drobecq, 2 ; Duault, 2 ; Dubos (Constant) ; Ducis, Dumas ; Famin ; Fayolle ; Fréron ; G. ; Genlis (Mme de) ; Gensoul (Justin), 2 ; Gobet, 5 ; Goullé (Armand), 3 ; Grancher ; Guillemard fils ; H. D. ; Hoffman, 4 ; Imbert ; Kérivalant, 3 ; Lablée ; La Harpe, 3 ; La Marck (comtesse de) ; Le Bailly, 5 ; Lebrun-Pindare ; Léger ; Legouvé ; Lemazurier ; Lemercier, 6 ; Le Prévost d'Iray, 2 ; M. A. J. ; Mézès, 2 ; Millevoye, 4 ; Montanclos (Mme de), 2 ; Morel (Hyacinthe) d'Avignon ; Mugnerot ; P. (Félix), de Lyon ; Parny, 2 ; Parseval-Grandmaison ; Pas (Ph. de) ; Passeron ; Petitot ; Philippon de la Madelaine ; Pillet (Fabien), 3 ; Pons de Verdun, 7 ; R., de Marseille ; Rivarol (A. de), 2 ; Rulhières ; Samson, de Caen ; Sarrazin (Adrien de) ; Ségur (L. P.), 2 ; Ségur (J. A.) ; T... P. ; Talairat, 2 ; Théveneau, 3 ; V. ; Van-Bemmel, de Bruxelles ; Vernery (H.) ; Vernes, de Genève ; Vigée, 4 ; Voltaire, 6 ; Ximenès.

1806. *Almanach | des | Muses, | pour M.DCCC VI, | Quarante-deuxième volume de la Collection | marque du libraire. | A Paris, | Chez F. Louis, libraire, rue de Savoie, n° 6. | M.DCCC VI.* In-12.

Faux titre, le titre imprimé et le calendrier. — 266 pp. chiffr. pour les poésies et leur table, pp. 267 à 301 pour la « Notice des ouvrages de poésie qui ont paru l'an treizième. »

Cette année contient 171 pièces dont 16 anonymes. Les 156 pièces signées de noms ou d'initiales, y compris une pièce anonyme qui est de Parny, appartiennent aux auteurs suivants :

A. ; A. S., 2 ; Agniel, 3 ; Aignan ; Arnault (A. V.) ; Artaud, 2 ; Attenoux ; Babois (Mme Victoire), 2 ; Balisson de Rougemont ; Baour-Lormian, 2 ; Beaumarchais ; Berchoux ; Bérenger (L. P.), 2 ; Blanchard de La Musse, 2 ;

(1) P. 49 : A Zelmire : *Zelmire* (au lieu de Marquise), *si mon visage*.

Blin de Sainmore, 2; Boinvilliers; Boisard, 4; Boufflers, 2; Burat; Capelle; Chénier (Marie-Joseph), 2; Chevalier, de Saint-Amand, 3; Combes-Dounous; Croizetière; D.; Damin; Dastin; Deguerle, 2; Desfontaines; Després, 2; Dessey (de) du Leyris, 3; Devenet, 2; Diderot; Duault; Dubos (Constant); Ducis, 4; Dufresnoy (Mme); Dugrandmesnil; Du Wicquet d'Ordre (Mlle); Esménard; Faulcon (Félix); Fayolle, 2; Ferlus; Genlis (Mme de); Gensoul (Justin), 5; Géraud (S. E.), 2; Gobet; Gouffé (Armand); Guichard, 3; H. D.; Hoffman, 2; J. N. B.; Jay (A.), 2; Kérivalant, 2; L. (Ph.); Lablée; La Bouisse (Auguste de), 4; Lagache; Lamontagne (P. de), 3; Laya; Le Bailly, 3; Lebrun-Pindare, 8; Lecadre; Léger, 2; Lemazurier; Lemercier; Malfilastre; Mame (Auguste), sig. A. M.; Marmontel; Millevoye; Montanclos (Mme de), 4; Morel (H.); Morellet (André); Murville (André), 2; N. (Aymeric); Parny, 3, dont une anonyme (1); Perrier (Mme), 3; Pesselier; Philippon de la Madelaine; Pillet (Fabien); R. L.; Racine (Jean); Robbé; Saint-Lambert; Samson, de Caen; Talairat; Tours (F. de); Valant; Van-Bemmel, de Bruxelles; Vernery (Hilaire); Vernes de Genève; Vigée, 3; Voltaire, 4.

1807. Titre gravé : *Almanach* | *des* | *Muses* | *pour M.DCCC VII.* | Petite figure réprésentant un Amour couronnant une lyre. | *A Paris,* | *Chez F. Louis, Libraire.* | *Rue de Savoie, N° 6.* In-12.

Titre gravé ; calendrier pour 1807. — 286 pp. chiffr. pour les poésies et leur table, « Avis important (pp. 287/288), pp. 289 à 324 pour la « Notice des ouvrages de poésie qui ont paru en M.DCCC VI ».

Cette année renferme 189 pièces (une manque à la table) dont dix-neuf anonymes. Les 170 pièces signées de noms ou d'initiales appartiennent aux auteurs suivants :

Agniel, 3; Aillaud (abbé); Ans..., 2; Appert de Tous-

(1) P. 183. Romance : *C'en est fait, j'ai cessé de plaire.*

saint; Arnault (A. V.), 4; Aubert (abbé); Babois (Mme Victoire), 6; Baour-Lormian; Berchoux; Blanchard de la Musse, 5; Boilleau; Boinvilliers, 2; Boisard, 3; Bonald (de); Boufflers (de), 4 dont une sig. chev. de B; Bréghot; C.; Cambini; Capelle, 3; Chamfort; Chas; Chevalier, de Saint-Amand, 3; Colardeau; Corda; Cosin; Coupigny; Deguerle; Delille; Devenet, 2; Didot (Firmin); Dougados (Père Venance); Duault; Dubois (Louis); Ducis, 5; Dufresnoy (Mme), 2; Fabre (Victorin); Fayolle; Fontanes; Forget; François le peintre; Gaston (Hyacinthe); Gaude (Auguste); Gouffé (Armand); Grancher (J. C.), 2; Gudin, 2; Guichard, 6; Hennet, 2; Hoffman; J.; James de Saint-Léger; Jay (A.), 2; Joliveau (Mme A.); Justin, 2; Kérivalant, 3; Lablée; Labouisse (Auguste de); La Chesnaye; La Claverie; Lagache; Laya; Lebailly, 2; Lebrun-Pindare, 11; Legouvé; Luce de Lancival; Mame (Auguste), 3 sig. A. M.; Masson de Morvilliers; Millevoye, 5; Mollevaut; Montanclos (Mme de), 2; Morel (Hyacinthe), 2; Morellet (André); Murville (André), 2; Péricaud (A.) sig. A. P...r..d., 2; Parny, 3; Parseval-Grandmaison; Pétigny (Mme, née Levesque); Piis, 5; Pons de Verdun; Pothier de Bielle; Radet; Rougemont (de); Saint-Victor (1); Salm (Constance de), ci-devant Mme Pipelet; Simon, de Troye; Talairat; Thomas; Tissot; Van-Bemmel; Verlhac, de Brives; Vial (Victor), 2; Vieillard; Vigée, 5; Voltaire, 3.

1808. Titre gravé: *Almanach | des | Muses | pour M.D.CCC VIII* | un amour ailé couronnant une lyre | *De l'imprimerie de M. P. Didot aîné.* | *A Paris* | *Chez F. Louis, Libraire,* | *Rue de Savoie, N° 6.* In-12.

Faux titre et dessin de Marillier daté de 1807 gravé par A. Delvaux fils représentant Errato faisant boire l'Amour à la fontaine d'Hippocrène pour lui inspirer de célébrer la nouvelle année, le titre également gravé et le calendrier pour 1808. — 286 pp. chiffr. pour les poésies et leur table, l'avis aux auteurs (287-88) pp. 289 à 323 pour la « Notice des ouvrages de poésie... »

(1) Manque à la table, p. 206. Vers faits en voyant le tableau de Girodet d'une scène du *Déluge*.

Cette année contient 199 pièces dont 12 sont anonymes. Les 187 pièces signées de noms ou d'initiales appartiennent aux auteurs suivants :

Agniel, 6 ; Aillaud (abbé) ; Arnault (A. V.), 2 ; Aubert (abbé) ; Babois (Victoire), 7 ; Beaufort d'Hautpoul (Mme de), 3 ; Belurgey de Grandville, 2 ; Blanchard de la Musse, 5 ; Bonnard ; Boufflers (de) ; Boullanger ; Bréghot, 3 ; Brésou P. de C.....ve, 2 dont 1, p. 232 ; Bridel (de) ; Capelle ; Chas. ; Chateaubriant (de) ; Chazet ; Chevalier, de Saint-Amant, 6 ; Damin ; Deguerle ; Delille ; Desaintange ; Desperroux ; Desroches (Mme), 2 ; Devenet ; Dubos aîné, 2 ; Ducis, 7 ; Dufrénoy (Mme) ; Falaise, de Verneuil ; Gaston (Hyacinthe), 3 ; Gaude (Auguste) ; Géraud (S E.), 2 ; Gobet ; Gouffé (Armand) ; Guichard, 4 ; Guilleau (Emérille) ; Hennet, 2 ; Iduag, de Genève ; James de Saint-Léger, 4 ; Jay (A.), 2 ; Jouy (de), 3 ; Justin, 2 ; Kérivalant, 2 ; Lablée ; La Bouisse (Auguste de), 3 ; La Ferrandière (Mme de) ; Lalanne ; Lambert (Michel) ; Lamontagne (P. de) ; Laya ; Lebrun-Pindare, 11 ; Lebrun (P.) ; Lefilleul ; Legouvé ; Lemazurier, 2 ; Lemercier (L.) ; Luce de Lancival, 2 ; Malfilâtre, 3 ; Mame (Auguste) sig. M. (Aug.) ; Marmontel ; Marsollier ; Mayet ; Millevoye, 7 ; Miramond (de) ; Mollevaut ; Montanclos (Mme de) ; Moreau de La Rochette ; Morel (Hyacinthe), 2 ; N. (de) ; Nivernois (duc de) ; Nogaret (Félix), 2 ; P. ; P.S. S. ; Péricaud (Ant.) sig. Per....d ; Perrier (Mme), 2 ; Pétigny (Mme) ; Philippon de la Madelaine ; Piis (de), 2 ; Pioger ; Polle ; Pons de Verdun, 4 ; Radet ; Raybaud (Marius) ; Saint-Geniès (Félix de) ; Saint-Victor (de) ; Salm (Constance de), 2 ; Salverte (Eusèbe ; T. P. ; Talairat ; Terrasson (Henri) ; Thuret ; Tissot, 4 ; Touchard de La Fosse ; Vial (Victor) ; Vigée, 6 ; Vilmain (Henri) ; Voltaire ; Wailly (de), 2 ; Ximenez.

1809. Titre gravé : *Almanach | des | Muses | pour M.DCCC.IX* (vignette). *A Paris | Chez F. Louis, Libraire, | Rue de Savoie N° 6.* In-12.

Gravure non signée avec au-dessous 6 v. dont voici le premier : *Elle aperçoit l'Amour, se retourne et l'embrasse,* le titre également gravé et le calendrier. — 286 pp. chiffr. pour les poésies et leur table, l'avis aux auteurs (287-288); pp. 289 à 324 pour la « Notice... ».

Cette année contient 192 pièces dont 10 sont anonymes. Les 182 pièces signées de noms ou d'initiales appartiennent aux auteurs suivants :

Agniel, 2 ; Andrieux, 2 ; Audibert (H.); Babois (Victoire), 3; Bach (P. C.), 2 ; Baour-Lormian ; Beaufort d'Hautpoul (Mme), 3; Bessin (Isidore); Blanchard de La Musse, 6; Boinvilliers, 2 ; Boisard, 3 ; Bonnet de l'Isle; Boufflers, 4; Bréghot, 2; Bridel; Chas; Chaudruc (C. A.), 2; Chênedollé; Chevalier, de Saint-Amant, 6; D. ; Damin (L.), 2: Deguerle, 4 ; Desaintange; Desroches (Mme); Deville (A.); Didot l'aîné; Didot (Firmin); Dubois (Louis); Dubos aîné; Dubos (Constant); Dudoyer; Dufrénoy (Mme), 4; Du Puy; Esménard, 2; Fabre (Victorin), 2; Falaise de Verneuil, 5; Famin; Favolle; Finot, de Dijon; Florian; Foucaux (Ed.); Foucaux (Ph.), 2; Gaillard; Gaston (Hyacinthe); Géraud (S. E.), 3; Ginguené, 2; Goufflé (Armand), 3 ; Guichard; J. L. G., 3; Joseph; Jouy (de), 3 ; Kérivalant, 3 ; Lablée; La Bouisse (Auguste), 2 ; Lalleman; La Motte (Léon de); La Renaudière (Philippe de); Laya ; Le Bailly, 2 ; Lebrun-Pindare, 8 ; Legouvé ; Lemazurier ; Lemercier ; Lorrando (P. M.) ; Mame (Auguste) sig. M. (Aug.); Marmontel; Mayeur (François), 2; Mézès, 4; Michaud, 2; Michaux, de Troyes; Millevoye, 6; Montanclos (Mme de); Montferrier (Mlle Victoire Sarrazin de), 2; Moreau de La Rochelle; Morel (Hyacinthe), 2; Murville, 2; Nivernois (duc de); Parny; Parseval-Grandmaison, 2; Pillet (Fabien), 2; Pioger; Soland (de); Talairat; Thuret, 2; Tissot; Touchard de La Fosse; Touzet, 2; V. C.; Vial (Victor), 2; Vieillard; Vigée, 14; Villiers.

1810. Titre gravé : *Almanach | des | Muses | pour M.DCCC.X* | même vignette qu'en 1809. | *A Paris, | Chez F. Louis, Libraire, | Rue de Savoie, N° 6.* In-12.

Gravure sig. Lambert G. avec ces deux vers : *Hilaire! à ta fidelle amie | Par des nœuds sacrés viens t'unir* (p. 101), le titre gravé et le calendrier, VI pp. chiffr. pour un avis de l'éditeur. — 286 pp. chiffr. pour les poésies et leur table, l'avis aux auteurs (287-288); pp. 289 à 312 pour la « Notice.... ».

Voici l'avis de l'éditeur (il n'a pas de titre) :

« Quel que soit le nombre des vers que l'*Editeur de l'Almanach des Muses* reçoit annuellement, jamais il ne lui en a été adressé autant que cette année. Ce témoignage de préférence pour le recueil qu'il met au jour, et ce désir d'y paraître, exigent de lui quelques lignes, sur lesquelles il espère qu'on voudra bien jeter les yeux.

« L'*Almanach des Muses* jouit depuis 1765, époque de son apparition première, d'un succès qu'ont à peine contrarié les jours les plus affreux de la *Révolution*, et que n'a point balancé cette foule de recueils qu'on lui a constamment opposée, qu'on lui oppose même encore, sans trop s'embarrasser de certaines considérations sociales qui ont pour base la délicatesse et l'honnêteté. Mais si l'*Almanach des Muses* n'a point succombé dans cette espèce de lutte établie entre tant de rivaux et lui, il ne le doit, qu'il soit permis de le dire, qu'à la sévérité qui préside en général au choix des pièces dont il se compose, et à la variété qui leur prête son attrait et son agrément. D'après ce court exposé, l'*Editeur* va répondre aux plaintes ou aux reproches dont plus d'une fois, il s'est vu l'objet.

« Un auteur qui a bien voulu lui envoyer une assez grande quantité de vers, est très étonné, pour ne pas dire de très mauvaise humeur, en parcourant la Table (car ce sont là les premières pages que cherche un auteur intéressé) de n'y point voir son nom. S'il ne l'y voit point, c'est que l'*Editeur* a consulté l'intérêt du Recueil et celui de l'auteur lui-même. Ses vers auraient fait *tache* ; les journalistes se seraient égayés à ses dépens : au lieu d'adresser des plaintes à l'*Editeur*, il devrait donc lui faire des remerciements.

« Un poète estimé envoie à l'*Editeur* plusieurs morceaux ; mais ils sont tous du même genre, de la même couleur. Il s'attendait à les voir tous imprimés, et il s'est trompé dans son attente. Qu'il prenne patience ! Les pièces qui n'auront point paru cette année, paraîtront l'année prochaine. Une galerie ne captiverait pas longtemps les regards d'un amateur, si elle ne lui offrait que des portraits seulement, ou des paysages, des marines, des tableaux d'histoire; c'est le mélange des uns et des autres qui lui plait, qui repose et fixe à la fois son attention.

« Il arrive encore que des personnes qui ont fait, par la poste, des envois plus ou moins considérables, demandent qu'ils leur soient rendus par la même voie, lorsqu'elles ont vu que l'*Editeur* n'en a rien tiré pour son Recueil. Elles exigent de lui un travail auquel il ne peut s'assujettir, parce qu'il lui prendrait un temps qu'il peut employer plus utilement et plus agréablement. L'*Editeur*, au surplus, s'empresse de les rassurer sur le sort de leurs vers. Quand, à tort ou à raison, il ne les imprime pas, elles peuvent être bien certaines qu'il n'en laisse subsister ni un mot ni une syllabe.

« Il est une autre sorte de reproche que M. M. les Journalistes, ou du moins tels d'entre eux, font quelquefois à l'*Editeur*; c'est de publier des vers de MM. N. N., dont les noms ne sont point connus. Ce reproche est inconsidéré. Tout poëte a son aurore; et l'on peut le demander: Aurait-on eu bonne grâce à se moquer d'*Arouet*, parce qu'à son début son nom n'était point illustré comme celui de *Racine* et de *Corneille*? D'abord ce n'est point le nom qu'il faut juger, ce sont les vers; ensuite, en admettant qu'un jeune homme, dans les premiers essais qu'il publie, ne s'élève pas, comme de raison, à la hauteur des poëtes qui, tels que *Delille* et *Ducis*, tiennent aujourd'hui le premier rang sur notre Parnasse, est-ce une raison pour le décourager, et même *se moquer de lui*? On peut dire plus; c'est que, littérairement parlant, il y a quelque intérêt à voir de quel point part un jeune homme qui annonce du talent, à le suivre dans sa marche, à observer s'il avance, s'arrête ou rétrograde. Il y aurait, d'ailleurs, une réponse péremptoire à faire à cette question: « Pourquoi, M. l'Editeur, ne donnez-vous point de vers de MM. tel et tel, dont la réputation est consacrée? » — « Monsieur, c'est qu'ils n'en font plus. » Raison qui se développe dans le quatrain suivant, qui se présente sous la plume de l'*Editeur*:

Pourquoi de nos meilleurs auteurs
Ne voit-on plus ni vers ni prose?

— C'est qu'il s'est fait en eux une métamorphose;
Les uns sont financiers, les autres grands seigneurs.

« Encore quelques mots. Le désir de voir son nom imprimé, désir très ardent chez les jeunes auteurs surtout, fait que l'on envoie les mêmes pièces à tous les éditeurs de recueils annuels et à *l'Editeur de l'Almanach des Muses*. Les auteurs qui en usent ainsi sont instamment priés de bien vouloir opter; ou, s'ils ne peuvent se dispenser d'éparpiller leur porte-feuille, du moins que les vers qu'ils adressent à *l'Editeur de l'Almanach des Muses* ne soient pas également adressés aux éditeurs des autres recueils: le double envoi, reconnu et constaté, imposerait à *l'Editeur de l'Almanach des Muses* l'obligation pénible de ne plus admettre, à l'avenir, aucune de leurs pièces.

« Quelque varié que soit ce volume dans le choix des vers qu'il renferme, on n'y trouvera que très peu de ceux qui appartiennent exclusivement à la *poésie légère*. On doit sans doute féliciter nos jeunes auteurs de ce qu'en suivant les traces de *Delille*, ils se livrent à la *poésie didactique, morale* ou *descriptive*: mais ne peut-on pas regretter qu'ils abandonnent entièrement la *poésie légère*? Petit genre! a-t-on dit. Sans doute il ne peut pas se mesurer avec la tragédie, ni avec l'épopée; mais ce genre, dans lequel ont excellé *Marot*, de son temps; *Chaulieu*, dans le sien, et, de nos jours, *Voltaire, Gresset*, et quelques autres; ce genre, tout petit qu'il est, a bien son prix. On peut dire plus, c'est que dans tous les autres, sans en excepter aucun, nous avons eu des modèles et nous avons des rivaux; dans celui-ci, au contraire, nous avons du moins le double mérite de la création et de l'originalité. Ce n'est qu'une fleur ajoutée à notre couronne poétique, soit: mais pourquoi la dédaigner, lorsqu'elle est née sur notre sol, lorsqu'elle ne s'élève et ne croît que sous nos mains, lorsqu'il n'est point de nation lettrée qui puisse nous l'envier? »

Cette année 1810 comprend 203 pièces dont 4 sont anonymes. Les 199 pièces signées de noms et d'initiales appartiennent aux auteurs suivants:

A. P. D., 3; Agniel, 9; Arnault (A. V.); Audibert

(Hilarion); B. G.; Babois (Victoire); Baour-Lormian; Barthe; Belurgey, de Grandville; Blanchard de La Musse, 6; Boinvilliers; Boisard, 2; Boufflers (de); Boutroux, de Montargis, 3; Bréghot; Bridel (de); Caquot; Chas, 2; Chaudruc (C. A.), 2; Conjon (de); D., général d'artillerie; D. H. L.; Damas, 2; Damin (L.), 3; Delille; Desaintange; Desroches (mad.), 2; D'Ogeron (mad. Fanny); Dorange (P.), 2; Dubos ainé, 5; Dubos (Constant), 2; Ducis, 3; Dufrénoy (mad.); Dupaty (Em.); Emile; Esménard; Falaize de Verneuil, 4; Famin; Faulcon (Félix); Fayolle; Finot de Dijon; Fontanes (de); Foucaux (Ed.); Foucaux (Ph.); Francis; G. H., de Louvain; Géraud (S. E), 2; Ginguené, 2; Gobet; Goujon; Goullé (Armand); Guichard; J. L. G.; Joseph; Jouy (de), 3; Justin, 3; Kérivalant, 4; L.; L. (abbé de); La Bouïsse (Auguste de), 2; Laclaverie (A.); La Harpe; Lalanne; Lambert (Auguste), sig. César-Auguste; Lambert (Michel); La Tresne (de); Laya, 5; Le Bailly, 2; Lebrun-Pindare, p. 118; L'Ecluze, d'Angers; Léonard; Lesieur; Lorrando; M.; M... (Arsène de), 5; Marie (Auguste), 6 sig. Mam. (Auguste); Mareschal (L.); Mézès, 2; Milcent, 2; Millevoye, 4; Mollevaut (C. L.); Moreau de La Rochette; Morel (Hyacinthe), 4; Mullot (Ch.); Pallard fils; Parny; Passeron, 2; Piis; Ponsardin (Simon), 5; R. de L.; Rivarol (A. de); Rougemont (de); Sallion; Salm (Constance de), sig. S. (Constance de); Sarrazin de Montferrier (mad^lle V.); Second (Jules); Sommery (mad^lle); Talairat; Théophile; Thuret, 3; Tissot; Venance-Dougados, 2; Vial (Victor); Vigée, 13; Villiers (P.), 4; Ximenès (de); Yduag, de Genève, 3.

1811. Titre gravé : *Almanach* | *des* | *Muses,* | *pour M.D.CCC.XI* | vignette représentant Pégase. | *A Paris.* | *Chez F. Louis, Libraire.* | *Rue de Savoie, n° 6.* In-12.

Gravure n. sig. « Les Grâces consolées » avec au bas 4 vers, le titre également gravé et le calendrier. — 288 pp. chiff. pour les poésies et leur table, pp. 289 à 316 pour la « Notice... »

Cette année contient 187 pièces dont 7 sont anonymes. Les 180 pièces signées de noms ou d'initiales appartiennent aux auteurs suivants :

A. B., d'Orléans ; Agniel, 6 ; Aignan ; Andrieux ; Arnault (A. V.) ; Arsène : Audibert (H.) ; Babois (Victoire) ; Barrière-Jay ; Baude (Maurice), de Montpellier, 2 ; Belisle (Aug. de) ; Bérenger (L. P.) ; Blanchard de La Musse, 5 dont une sig. B. D. L. M. ; Blondeau (J.), de Commercy ; Boinvilliers ; Bonnet (F.), de Lille : Boufflers, 2 sig. chev. de B. ; Boutroux, de Montargis, 4 ; Brazier ; Bréghot ; Chas ; Chéron : Creuzé de Lesser ; Damin (Louis), 2 ; D'Avrigny, 2 : Denne-Baron ; Denesle (F. O.) ; Desaintange, 2 : D'Haussez ; Dorange (P.) : Dougados, 2 ; Dubos (Constant) : Dufrénoy (mad.) ; Dupuy des Islets, 5 : Emile, 2 ; Esménard ; Etienne ; Famin ; Fayolle ; Ferlus (R. D.), 2 ; Finot, de Dijon, 3 ; Fouqueau, de Pussy ; Fourcry (chevalier de) : G. (baronne de) ; Gallois-Mailly : Gensoul (Justin), 2 : Géraud (S. Edmond), 3 : Ginguené, 2 ; Giraudy ; Gourbillon (J. A. de) : Guichard : H. ; J. L. F. (dom. L.) ; Jarraut (mad. Amélie) ; Jomard : Joseph, 2 ; Jouy (de) ; Kérivalant, 4 : La Bouisse (Auguste de), 2 ; Lalleman, 6 ; Lamontagne, 2 ; La Mothe (Léon de) : La Péronnière (Henri de) : Lavergne : Le Bailly : Lefilleul ; Lefort aîné, de Rennes ; Léger ; Legouvé, 2 ; Lorrando, 2 ; Loyson (C.) ; M.....n. (Auguste), 2 : Mame (Auguste), sig. M. (A.) ; Manuel (J. L. H.) ; Martin (Aimé) aîné ; Mézès, 3 ; Millevoye, 2 ; Mollevaut (C. L.) ; Molly, 2 ; Morel (Hyacinthe) : Moufle le jeune, de Chartres, 3 ; Moyria (Gabriel), 2 ; Nachet (J. L.) ; P. D..... (Ant.), 4 ; Parny (Evariste), 2 ; Parseval, 2 ; Piis (le chevalier de) ; Pillet (Fabien) ; Pol (L. B.), 2 ; Ponsardin-Simon, 2 ; R. (L.) ; S. de la M** ; Saint-Amand (de), 4 ; Saint-Séverin (A. de) ; Salivet (N.), 3 ; Salverte (Eusèbe), 4 ; Samson, de Caen ; Sarrazin de Montferrier (Victoire) ; Soulié (J. B.) ; Soumet (A.) ; Théophile ; Thuret, 2 : Tissot (L. F.) ; Vigée, 8 ; Villiers (P.), 2.

1812. Titre gravé : *Almanach* | *des* | *Muses,* | *M.DCCC.XII* | vignette représentant une femme tenant dans ses bras un petit enfant | *A Paris,* | *Chez F. Louis, libraire rue de Savoie, N° 6.* In-12.

Gravure n. s. avec avec au bas quatre vers extraits de la pièce « romance historique Eginhard et Imma » de P. A. Vieillard, le titre également gravé et le calendrier. — 274 pp. chiff. pour les poésies et leur table, l'avis aux auteurs (pp. 275-276) et pp. 277 à 304 pour la « Notice... ».

Cette année contient 169 pièces dont 3 sont anonymes. Les 166 pièces signées de noms ou d'initiales appartiennent aux auteurs suivants :

A. (Alexis) ; Agniel : Arnault (A. V.), 2 ; Arsène ; Babois (Victoire), 3 ; Baour-Lormian ; Barjaud (J. B.), de Montluçon ; Barrière-Jay ; Bérenger (L. P.), 2 ; Blanchard de La Musse, 2 ; Bonnet (F.), de Lille, 2 ; Boutroux, 2 ; Bréghot, 2 ; Cauvain (Stanislas) ; Chas ; Chaudruc, 2 ; Chéron ; Conjon (de) ; D., 2 ; D., général d'artillerie ; D. B....y ; Damin (Louis), 2 ; Dastarat (S.), 3 ; D'Avrigny, 2 ; Delacour ; Delandine ; Delille (Armand) ; Denesle ; Denne-Baron ; Desaintange ; Dessey (de) du Leyris, 3 ; D'Hacquin (François) ; D'Haussez ; Dorange ; Dougados ; Ducis, 2 ; Dufrénoy (mad.), 3 ; Dupuy des Islets ; E. B. ; Etienne ; Falaize de Verneuil, 3 ; Famin, 2 ; Fontenelle, 2 ; Gaston ; Gensoul (Justin), 2 ; Géraud (Edmond), 3 ; Giraudy ; Gobet ; Grand, 2 ; Hubert (C. F.), de Cléry ; Jarraut (Victor), d'Autun ; Joseph, 2 ; Jouy (de) ; Kérivalant, 2 ; L. D. H. ; La Chesnaye (M. de) ; Laclaverie, 2 ; Lavergne (J. B. D.), 4 ; Le Bailly, 5 ; Lefilleul ; Legouvé, 2 ; Lorrando, 2 ; Loyson (C.) ; Malo (Ch.) ; Mame (Auguste), sig. A. M ; Mandelot (mad. de) ; Martin (Louis Aimé) ; Maucert (F.) ; Mayeur (F.), 4 ; Mézès, 2 ; Michaud ; Millevoye ; Mollevaut, 2 ; Moncla (H. de) ; Montanclos (mad. de) ; Morel de Belesme ; Morel (Hyacinthe) ; Mouflle le jeune, de Chartres ; Nephtali, de Troyes, 2 ; Nogaret (Félix), 3 ; Parseval-Grandmaison ; Péricaud (Ant.), sig. Per....d ; Philippon de La Madelaine ; Picard (Bertrand), 2 ; Pol (L.), 3 ; Ponsardin-Simon ; Pussy (F. de) ; R. de L. ; S. de La M. ; Saint-Amand, 5 ; Saint-Léon (C. N. L. F. de) ; Saint-Victor ; Sainte-Marie (de) ; Salivet (N.), 2 ; Salverte (Eusèbe) ; Saquenville (de) ; Talairat, 2 ; Thuret, 3 ; Treneuil ; Van Bemmel, de Bruxelles, 3 ; Verneuil (F. de), voir Falaize ; Vieillard (P. A.) ; Vigée, 5.

1813. Titre gravé : *Almanach* | *des* | *Muses,* | *M.D.CCC.XIII* | vignette représentant le buste d'Homère posé sur une colonne avec divers attributs au pied. *A Paris,* | *Chez F. Louis, Libraire, rue de Savoie, n° 6.* In-12.

Le titre gravé et le calendrier pour 1813. — 274 pp. chiffr. pour les poésies et leur table, l'avis aux auteurs (pp. 275-276), pp. 277 à 302 pour la « Notice..... ».

Cette année comprend 184 pièces dont 5 sont anonymes. Les 179 pièces signées de noms ou d'initiales appartiennent aux auteurs suivants :

A. (J. B. Alexis); A. B.; Agniel, Aignan (E.); Andrieux: Arnault (A. V.), 3; Arsène, 2; Aubert (abbé); Barrière-Jay: Bazot (E. F. M.), 2; Belisle (Auguste de); Binet; Blanchard de La Musse, 4 dont une sig. B. D. L. M., p. 213; Blondeau (J.), de Commercy; Boinvilliers, 2; Bonnet (J. B. F.), de Lisle; Bourdic-Viot (feue mad. de); Bourguignon (Frédéric); Boutroux, 3; Buhan; Cauvain (Stanislas); Chambet (Ch. Joseph), 2 dont une p. 120; Charles (Honoré); Chas; Chaudruc de Crazannes; Conjon (de); Cormenin (L. M. de); D., D. P.; Damin, 2; D'Avrigny; Deguerle, 2; Denesle (F. O.); Desfougerais; Desroches (feue mad.), 2; Dessey (de) du Leyris, 2; D'Hacquin (François); Drobecq, 2; Ducis; Dufrénoy (mad.); Dulieu; Dupont; Dupuy des Islets, 2; Fabre (Victorin); Falaise de Verneuil (1), 3; Famin, 3; Fayolle; Gallois-Mailly; Gandois-Héry; Gensoul (Justin); Géraud (S. Edmond), 3; Jarraut (Victor), d'Autun; Joseph, 3; Kérivalant, 2; Labouisse (Auguste de), 2; Larue de Rochebrune; Lavergne (J. B. D.), 2; Le Bailly, 4; Lefilleul; Lemercier; Le Prévost d'Iray; Louet; Mabire; Malfilastre; Malo (Ch.), 2; Mame (Auguste), sig. A. M.; Mandelot (mad. de); Mayeur, 2; Ménard (M. G.) de Rochecave; Messine (A. P.), de Bordeaux; Mézès, 2; Millevoye; Mollevaut; Moncla (H. de); Montanclos (feue mad. de), 2; Morel, de Belesme; Morel (Hyacinthe), 3; Moulle, de

(1) Ce poète est mort à 24 ans.

Chartres; Mullot (Ch.), de la Gironde, 2; Nephtali, de Troyes; P. Q.; Parny (Evariste); Parseval-Grandmaison; Pellassy (J.); Philippon de La Madeleine; Picart (Bertrand); Piis (de), 5; Pillet (Fabien), 2; Pol (L.); Ponsardin-Simon, 4; R. de L.; René; Richard de Lucy; Saint-Amand (J. P. Ch de); Saint-Ferréol (Emmanuel de); Saint-Marcel (de); Saint-Victor (de), 4; Salm (comtesse de); Salverte (Eusèbe), 2; Sedaine; Simon (Ch.), de Bayeux; Simonet; Soulié (J. B. Augustin); Talairat; Thébaut fils; Thuret; Valory (mad. de); Végabre (mad^lle^ Iphigénie de), de Genève; Vieillard (P. A.), 3; Vigée, 14; Wa...; Wailly (de); Ximenès.

1814. Titre gravé : *Almanach* | *des* | *Muses.* | *M.D.CCC.XIV* | même vignette qu'en 1813. | *A Paris,* | *Chez F. Louis, Libraire, Rue de Savoie, n° 6.* In-12.

Le titre gravé et le calendrier. — 274 pp. chiffr. pour les poésies et leur table, l'avis aux auteurs (pp. 275-276), pp. 277 à 306 pour la « Notice..... ».

Cette année contient 182 pièces dont 10 sont anonymes. Les 172 pièces signées de noms ou d'initiales appartiennent aux auteurs suivants :

A. (J. B. Alexis); Agniel, 4; Arnault (A. V.); Augier (Victor); Barjaud (J. B.); Bazot (E. F.), 6; Bérenger (L. P.); Blanchard de La Musse; Blondeau (J.), de Commercy, 3; Boinvilliers; Bonnet (J. P. F.), de Lisle, 2; Brebis, 2; Briffaut; Cauchy; Cazenove ou Cazenave (de), 4; Chambet (Ch. Joseph), de Lyon, 2; Chas; Chaudruc de Crazannes (baron), 2; Conjon (de), 3; Cormenin (de); D. K.; Degay; Delcroix, 2; Delille (Armand), 3; Delvaux; Désaugiers (A.); Dessey (de) du Leyris, 3; Deville (A.), 2; Drobecq, 2; Ducis; Dupuy des Islets, 2; Dusausoir; Famin; Ferlus; Fourtou (F.); G.; Gabard (J. C.); Gandois-Héry; Géraud (S. Edmond); Gergères (J. B.), fils; Grand; H.; Jacquelin (J. A.), 6; Jame de Saint-Léger, 4; Jarraut (Victor); Joseph, 4; Kérivalant (de), 3; L., 2; Lablée; La Chabeaussière (de); La Garencière (de);

La Goutte, de Guéret; Lalanne ou La Lanne; Lamontagne (P. de), 4; La Péronnière (H. de); Le Bailly (A. F.), 3; Lebrun-Tossa; Leduc (V.), 2; Lefilleul-Desguerrots; Legouvé; Leleux (V.); Le Mazurier; Lespirt; Le Verdier (P. L.), de Beaumont le Roger; Lille (feu de), cap. de dragons, sig. Delille; Loraux; Lorrando, 2; Louet; M.; Malo (Ch.), 2; Mame (Auguste), sig. A. M.; Mandelot Sainte-Croix (mad.); Mayeur, 3; Ménard de Rochecave; Mollevaut; Morel (Hyacinthe), 2; Moufle (Auguste), de Chartres; Murville (André) M. P. N., 4; Nephtali, de Troyes; P. R., de Chalon-sur-Saône; Piis (de), 3; Pillet (Fabien); Richard de Lucy; S. de B.; Saint-Amand (de), 5 dont une p. 11; Salm (comtesse de); Salverte (Eusèbe), 2; Saquenville (de), 2; Talairat, 2; Terrasson; Thuret, 3; Vanderbourg (de); Vastey (V.); Vial (Victor), 2; Vieillard (P. A.), 2; Vigée, 6; Villiers; Vin... (Emanuel); Wa.

1815. *Almanach | des | Muses, | M. D. CCC. XV.* | même vignette qu'en 1814. | *A Paris, Chez F. Louis, Libraire, Rue de Savoie, N° 6.* | 1815. In-12.

Dessin de Chasselat gravé par Blanchard avec ces deux vers: *Héro, fidèle à son amour | De Léandre, en chantant, attendait le retour*, p. 57, et le calendrier pour 1815 — 287 pp. chiffr. pour les poésies et leur table, l'avis aux auteurs (p. 288), pp. 289 à 316 pour la « Notice... »

Cette année contient 194 pièces dont 3 sont anonymes. Les 191 pièces signées de noms ou d'initiales appartiennent aux auteurs suivants:

Agniel; Ardans fils; Arsène, 2; Attenoux (Auguste), 2; Aubert (L.); Audibert (H.); Audiffret (L. D. L.); Augier (Victor), 2; B. (C.); Baillet (Mme), née Duperron; Bazot (E. T.), 4; Bérenger (L. P.); Blanchard de La Musse, 2 dont une sig. B. D. L. M.; Blondeau (F.), de Commercy; Bobée (Th.); Bonaffos de La Tour, 2; Bonnet (J. B. F.), de l'Isle, 2; Boutroux, de Montargis; C.; Chambet (Ch. Jos.), 2; Chas, 2; Choisy (de), 2; Cormenin (de); Cornette (F. M.), 2; Crivelli (J. L.); D. (Ernest), 3 sig. D. (E.);

D. L. F; Debassieux (A.); Delcroix (F.), 3; Delille (Armand); Desbordes (Mlle), 4; Dessey (de) du Leyris (vicomte); Deville (A.), 6; D'Hautpoul (comtesse Ch.), 3; Drobecq; Ducis (J. F.); Dupuy des Islets; F. F., sig. F. E. à la table; Falaise de Verneuil; Famin, 3; Fouqueau de Pussy; Gamard; Gaudy, 2; Gauldrée de Boilleau, 4; Géraud (S. Edmond), 3; Ginguené; Grand; Jame, de Lyon, 5; Jarraut (Victor); Joseph; Lablée (chevalier), 2; Labouisse (Auguste de), 2; La Chabéaussière (de); La Madeleine (Sophie de), 2; Lamontagne (P. de); La Rivière (Henry de), 6; La Seiglière (Félix de); Lavergne de Fontbonne (J. B. D.), 4; Laya, 2; Le Bailly, 2; Lebrun-Tossa; Le Filleul des Guerrots; Lemazurier; Le Prévost d'Iray (chevalier), 2; Le V** (M... F...); Lochet; Louet; Machelloti; Malo (Ch.); Mang, cap. d'infanterie, 2; Mareschal (L.); Mayeur (François), 3; Ménard (G.) de Rochecave, 2; Michaux (Louis), 2; Millevoye; Mollevaut; Moncla (Henri de); Morel (Hyacinthe), 2; Moufle (Auguste); Mugnerot; Mullot (Ch.), 2; Murville (André de); Nogaret (Félix); P** (A.); P. R., de Châlon-sur-Saône, 2 sig. R. P.; P** M*** de M** (Mme); Parent-Réal; Pélissié de Rosellis; Philippon de la Madelaine; Piis (chevalier de); Pillet (Fabien), 5; Pioger (de); Proisy d'Eppe (comte de); R. de L., 2; Rothier; Rousseau (Ernest), 5; Saint-Amand (de); Saint-Victor (de); Sainte-Marie (C. de); Saquenville (de), 3; Talairat; Terrasson (H.), 2; Tézenas; Thuret, 2; Usannaz, 2; Végabre (Mlle Iphigénie de); Verdier (P. L.), de Beaumont le Roger; Verneuil (de), voir Falaise; Vial (Victor); Vieillard (P. A.), 2; Viennet (de); Vigée, 5.

1816. Titre gravé: *Almanach* | *des* | *Muses.* | *M. DCCC. XVI.* | vignette comme la précédente. | *A Paris,* | *Chez F. Louis, Libraire, Rue de Savoie, N° 6,* | *1816.* In-12.

Dessin de Desenne gravé par Johannot avec ces deux vers de Mlle Desbordes: *Me voici devant la chapelle.* | *Où mon cœur sans détour, jura ses premiers vœux,* et le calendrier pour 1816 — 279 pp. chiff. pour les poésies, leur table et l'avis aux auteurs...; pp. 281 à 292 pour la « Notice... »

Cette année contient 188 pièces dont 4 sont anonymes. Les 184 pièces signées de noms ou d'initiales appartiennent aux auteurs suivants :

A (Alexis); Arnault (A. V.); Arsène, 3; B....t; Bazot (E. F.), 7; Bérenger (L. P.); Blanchard de La Musse, 2; Blondeau (J.); Boinvilliers; Bonnafos de La Tour; Bonnet (J. B. F.), de l'Isle; Bordeaux, 2; Boudet fils, de Riom; Brunie (F.), d'Uzerche; Charles (H.), de Choisy, 2; Chas, 2; Chaudruc de Crazannes; Chélot (François); Chevalier, de Saint-Amand; Cornette (F. M.), 3; D. (Edmond), d'Alençon; D. (Ernest), sig. D. (E.); D....y; Damas; D'Astanières de Boisserole (Mme); Debassieux (A.); Delcroix (F.), 2; Delille (Armand); Delvaux (Augustin); Denesle; Desbordes (Mlle); Deville, d'Amiens, 4; Deville (A.), 3; Dhuyelle; Dochelet (baron), 2; Duc** (L. D.); Du Laurens (Achille), 2; Dupont (G.); Dupuy des Islets, 3; Emile; F. F.; F. T. A. M., 3; Famin, 3; Fayolle, 2; Géraud (S. Edmond), 3; H. L., 3; Hédouin (P.); Hubert (G. P.); Imbert de Champréal, 3 sig. Imbert D. C.; Kérivalant (de); L.; Lablée, 2; La Chabéaussière (de), 4; La Madeleine (Sophie de); Lamontagne (J.), 2; La Seiglière (Félix de); Laya; Le Bailly, 2; Le Filleul des Guerrots, 3; Leleux (V.); Le Prévost d'Iray, 3; Le V. (F.); L'Oisif; Lorrando, 3; Louis (F.); Mabire; Malo (Ch.); Mandelot Sainte-Croix (Mme de); Mayeur (François), 4; Mennechet; Métier (L. J. B.); Mézès, 4; Michaud (Louis), 3; Mollevaut (C. L.); Monela (Henri de), 2; Morel (Hyacinthe); Moufle (Aug.), de Chartres, 3; P. (François); P. R., de Châlon-sur-Saône; Parny, sig. P....y; Parseval; Pellassy (J.); Pillet (Fabien), 2; Pioger (de); Ponsardin-Simon; R.; Rességuier (Jules de), sig. R. (Jules de); Rousseau (Ernest); Saint-Amand (de), 3; Saint-Félix (de); Saint-Légier (de); Saint-Michel (Alexis de); Saint-Victor (de); Saintine (X. B.), 2; Saquenville, 4; Soulié (J. B. Augustin), 4; Talairat; Terrasson (H.); Tézenas, de Montbrison; Thuret, 2; Vieillard (P. A), 4; Viennet; Vigée, 8 au lieu de 9, mq. p. 171; Wa***; Ximenès.

1817. Titre gravé : *Almanach* | *des* | *Muses.* | *M. D. CCC. XVII.* | vignette de Lambert : Apollon tenant une lyre. *A Paris, | Chez | Le Fuel, Lib^e Rue St Jacques, N° 54. | Delaunay Palais Royal Gal^e de bois, | 1817.* In-12.

Faux titre, le titre gravé et le calendrier — 275 pp. chiffr. pour les poésies, leur table et l'avis aux auteurs, pp. 276 à 292 pour la « Notice... »

Cette année contient 172 pièces dont 4 sont anonymes. Les 168 pièces signées de noms ou d'initiales appartiennent aux auteurs suivants :

Ardisson (Amé^e); Audiffret (L. D. L.), 2; Augier (Victor), 2; Auguste de Caen, sig. A. de Caen; Bayard. Bazot (E. F.), 2; Bérenger (L. P.); Blanchard de la Musse, 6 dont 2 sig. B. D. L. M.; Blondeau de Commercy, 2; Boinvilliers (de); Bonaffos de la Tour; Bonnet, de l'Isle; Bordeaux (A.); Boucharlat; Boucher de Perthes (J.); Brès (J. P.); Briffaut; Brun de Vioux; Bruyes d'Aigalliers (baron de); C. de R. (Mlle); Cazenove (de); Ch. (F.), 2; Chambet (C. J.), de Lyon, 3; Chas, 2; Chaudruc de Crazannes; Cornette (F. M.), 2; D. (Edmond) d'Alençon, 2; D. (Ernest), sig. E. D., 2; D. P. (G. comtesse); D'Artois de Bournonville, 3; D'Eguilly, 2; Delcroix (F.); Denesle; Deville (Albéric); Digoy, 2; Dochelet (baron); Drobecq, 2; Dubos (Constant); Du Laurens (Achille); Duputel (P.); Dusausoir; F. F.; Famin, 3; Fayolle, 6; Géraud (S. E.); Greslan (Chevalier de); H. L.; Imbert de Champréal, 3, sig. Imbert D. C.; Jacquelin (chevalier), 3; Lablée; La Bouisse (de), 2; La Ch... (Th. de); La Chabéaussière (de), 2; La Corelterie (de), 4; Lambert (Adrien), 2; La Montagne (J. L. de), 2; Lassagne; Le Bailly, 2; Le Filleul des Guerrots; Legouvé; Leleu (V.); Le Prévost d'Iray; Limoges de St Saens (chev. vicomte de), 2; Lorrando; Mlle N.; Malo (Charles); Marsollier (chevalier), 4; Martelet (Caroline); Mayeur (Fr.), 2; Ménard (G.) de Rochecave; Mézès; Michaux (Louis); Mollevaut; Moncla (H. de); Montanclos (feue Mme de); Moufle (Auguste), 2; Moyria (G.); Mulot (Ch.), 2; Parseval; Pépin (C. J.) de Bourges, 2; Petit (L.) de Mons; Pfaffenhoffen (comte de); Pillet (Fabien), 2; Ponsardin-Simon, 3; R. (Charles), 3; R. de L., 2; Regnault de Beaucaron : Roques (J. L.), aveugle ; Saint-Amand (de); Samson de Caen ; Sigoyer (Antonin de) ; Simon (E. T.), 3 ; Talairat ; Thuret, 3 : Valmalette ; Vander Burch (Emile), 2 ; Vaugundy (W.) ; Vieillard (P. A.) ; Viennet ; Vigée (chevalier), 8 ; Voltaire, 2.

1818. Titre gravé : *Almanach* | *des* | *Muses* | *1818*, | vignette de Chasselat gravée par Delvaux représentant un amour tenant une lyre. | *Paris*, | *Chez Alexis Eymery, rue Mazarine, N° 30*, | *1818*. | In-12.

Faux titre, frontispice de Chasselat, gravé par Delvaux avec ce vers : *Il ne vient pas, et je l'attends*, le titre gravé et le calendrier — 288 pp. chiff. pour les poésies et leur table, l'avis aux auteurs (289), pp. 290 à 304 pour la « Notice... »

Cette année contient 209 pièces (1) dont 9 sont anonymes. Les 200 pièces signées de noms ou d'initiales appartiennent aux auteurs suivants :

A. D., officier du génie ; Andrieux ; Audiffret (L. D. L.), 3 au lieu de 2, p. 118 ; Auguste, de Caen, sig. A., 3 ; B. D. P. (comtesse), 2 ; Beaufort d'Hautpoul (comtesse de), 3 ; Berceau (Th.) ; Bérenger (L. P.) ; Béranger (P. J. de) ; Bernaert aîné, de Dunkerque ; Bignan (A.) ; Blanchard de La Musse, 5 dont 3 sig. B. D. L. M. ; Boinvilliers (de) ; Bonnet, de l'Isle, 2 ; Boucharlat ; Boullault ; Brault (H.) ; Bruandet, de Nevers ; C. de C. (baron) ; Casenove (de), 3 ; Champcour (A. de), 3 ; Chartier, de Chénevières, 3 ; Chas, 2 ; Chaudruc de Crazannes (baron) ; Clergier (Albéric) ; Cornette (F. M.), 2 ; Coupé (chevalier) de Saint Donat, 2 ; Coupigny (de) ; D. (Edmond), d'Alençon ; D. (Ernest), sig. E. D. ; D. G.., 2 ; Dallier (Edmond), 2 ; Damas ; Dattel de Luttange (J. F. D.) ; Delavigne (Casimir) ; Delcroix (F.), 2 ; Deloy ; Desbordes (Mlle) ; Deschamps (Emile) ; Deville (A.), d'Amiens, 2 ; Dhuyelle ; Digoy, 2 ; Dourille (Joseph), de Crest ; Dufresnoy (Mme) ; Duhamel ; Dupuy des Islets, 7 ; Dusausoir ; Famin, 4 ; Fayolle ; Flamand ; H. L., 7 au lieu de 6, p. 104 ; Hédouin (P.) ; Imbert de Champréal, 2 au

(1) La table n'en mentionne que 205.

lieu d'une, p. 220; Jacquelin (chevalier); Jame, de Lyon, 3; Jamin; Jouy; L.; Lablée; La Chabéaussière, 2; La Corretterie; Lambert (Adrien); La Montagne (P. de); La Montagne (Y. de); Lance (J.); La Poterie (colonel de), 2; La Tresne (marquis de), 2; Le Bailly, 3; Le Clerc de F. (Mlle); Lefèvre (C. N.), 2; Le Filleul des Guerrots, 2; Leleux (J. V. J.); Lonchamps (Charles), 2; Malul (Alphonse); Martelet (Caroline), de Lure; Mauduit (Eugène); Ménard de Rochecave, 3; Michaux (Clovis), 2 au lieu d'une, p. 119; Monperlier (J. M. A.), de Lyon; Moullle (Auguste), 2; Mullot (Ch.); Nogaret (Félix); P. (François); P. R., de Châlon-sur-Saône, 2; P. V.; Pélissane (R. B. de); Pfaffenhoffen (comte de); Piis (de); Pillet (Fabien), 2; Ponsardin-Simon; Q., 2; R. (Charles); R. de L.; Réda (J. J.); Regnault de Beaucaron, 2; Rességuier (Jules de); S. P. Q.; Saint-Amand (de), 4 au lieu de 3, p. 270; Saint-Cyr Poncet Delpech; Saint-Maurice; Sainte-Marie (de); Salm (princesse de); Saquenville (de), 2; Sigoyer (Antonin de); Simon-Candeille (Mme); Talairat, 3; Théveneau; Thuret, 2; Tissot (P. F.); V. (Eugène de); Valmalette; Vaugundy; Vieillard (P. A.), 2; Viennet (chevalier); Vigée, 15; Villiers (P.), 2; Zéa.

1819. Titre gravé : *Almanach | des | Muses |* vignette de Lambert de 1817. | *A Paris, | Chez | Le Fuel Lib[re] Rue St Jacques, N° 54 | Delaunay Palais-Royal. Gal[e] de bois | 1819.* In-12.

Faux titre, le titre gravé et le calendrier — 287 pp. chiff. pour les poésies et leur table, l'avis aux auteurs (289-290), pp. 291 à 311 pour la « Notice... »

Cette année contient 174 pièces dont 11 sont anonymes. Les 163 pièces signées ou attribuées appartiennent aux auteurs suivants :

A. D., officier du génie, 2; A. G., 2; Amic aîné; Amillet; Arnault (A. V.); Audiffret (L. D. L.); Auguste, de Caen, 2, sig. A.; B. D. P. (comtesse); Babois (Victoire), 3; Barateau (Emile); Béranger (P. J. de); Bernaert aîné, de Dunkerque; Bignan (A.), 3; Blanchard de La Musse, 4 dont 1 sig B. D. L. M.; Blondeau, de Commercy; Boinvilliers (de), 2; Boisard; Bonnet (J. P. F.), de l'Isle; Bouchatlat; Boucher de Perthes (J.); Bourcier, de Nantes; Brès (J. P.); Chas; Chaudruc de Crazannes (baron); Cornelle (F. M.); Cosnard (E.), 3; D'Attel de Luttange (J. F. D.); Delcroix (F.), 2; Denesle (F. O.), 2 au lieu de 3 (1); Digoy, 2; Doigny; Dourille, de Crest sig. par err. à la table Bourille; Duhamel; Dulaurens (Achille), 2; Dupuy des Islets (chevalier); Du Tremblay; F. F.; Famin, 2; Grenus; H. L., 2; Hubert, de Cléry (Ch. J.); Hugo (Victor); Imbert de Champréal, 4; Jacquelin (chevalier); Jame, de Lyon, 2; Joliveau (Mme A.); L. B. (Auguste), capitaine; La Boulie (P. Hippolyte de); La Chabéaussière (de); La Coretterie (de), 2; La Goutte; La Montagne (J. de), 2; Lauce (J.); Lavergne (J. B. D.), de Fontbonne; Le Bailly, 2; Le Chatelat (H. F. F., chevalier); Le Filleul des Guerrots, 3 sig. L. F. D. G.; Legouvé; Le Prévost d'Iray; Louet; Maillard de Chambure (Mme Sophie); Malo (Ch.); Mangin (Victor); Martelet (Mlle Caroline), de Lure; Mayeur (François); Mennechet (Edouard); Menuau (Guy); Michaux (Clovis); Mollevaut; Monperlier (J. M. A.), 2; Morel (Hyacinthe), 2; Moufile (Auguste), 2 lieu d'une (1); P. des F.; P. R., de Châlon-sur-Saône, 3; Parseval Grandmaison; Pépin, de Bourges; Pfaffenhoffen (comte de), 3; Piis (chevalier de); Pillet (Fabien), 4; Ponsardin-Simon, 3; Raison (Charles); 5; Regourd (chevalier de); Saint-Geniès (Léonce de), 2; Saintine (X. B. de); 2; Saint-Roch de Cabardel (chev.); Sales (de), de Narbonne; Salm (princesse Constance de); Saquenville (de), 2; Senny-Franck; Sigoyer (Antonin de), 2; Simon (P.), de Bayeux; Talairat, 4; Tangris (A. L. P. de); Terrasson; Tézenas de Montbrison, 3; Thuret; V. (Félix); Vaugundy (W.); Vieillard (P. A.); Viennet (S. P. G.), 2; Vigée, 5; Villiers (P.), 3; Voltaire.

1820. Titre gravé: *Almanach* | *des* | *Muses* (même vignette qu'en 1817). *A Paris*, | *Chez* | *Le Fuel, Lib*^{re}

(1) Moufile n'a qu'une pièce à la table et Denesle en a 3 dont une est signée Moufile dans le texte, soit 2 à Moufile et 2 à Denesle.

Rue St Jacques, N° 54 | Delaunay, Palais Royal Gal^e de bois. In-12.

Faux titre, titre gravé et le calendrier. 300 pp. chiff. pour les poésies et leur table; l'avis des auteurs (301-302), pp. 303 à 316 pour la « Notice... »

Cette année contient 198 pièces dont 5 sont anonymes. Les 193 pièces signées de noms ou d'initiales appartiennent aux auteurs suivants:

A. (chev. Gaspard), 3; A. B.-C. R.; A. D., officier du génie, 2; Agoub (Joseph); Amic aîné; Amillet; Aubaisle (P. A.); Audiffret (L. D. L.), 3; Auger (H. S.); Auguste, de Caen, 2 sig. A.; B. D. P. (comtesse de); Barateau (Emile), 2; Baugin; Bignan (A.); Blanchard de La Musse, 2; Blondeau, de Commercy, 5; Boinvilliers; Bonnet (J. B. F.), de L'Isle, 2; Bordeaux (A.); Boucharlat; Boucher de Perthes, 2; Brès (J. P.), 3; Bruandet, de Nevers; C. (chevalier de), 2 dont une p. 206; Charles (Antoine), 3; Chartier, de Chenevières; Chas; Chaudruc de Crazannes; Clément, de Dijon; Colau (Pierre); Constans (Louis); Corbière (Ed.), 2; Corda (C. A.); Cornette (F. M.), 3; Cosnard (E.); Coupé de Saint Donat (chev.); Croze-Magnon, de Marseille; D. (Ernest), 3; Damas; D'Attel de Luttange; D'Ecquevilly; Delcroix (F.), 3; Dessiaux, de Nevers; Digoy; Durand (N. F.), du Var; F. F.; Famin, 2; Fourvières (chevalier de); G. de St G. (Fortuné); Griffard, de Caen; H. L.; Hédouin (P.); Henry (F. A.), de Troyes; Héreau (E. J.), 2; Hubert (Charles J.); Hutin (P.); J. Q.; Imbert de Champréal; Jacquelin (J. A., chevalier); Jauffret (L. F.); Juillerat Chasseur; Justin C. (P.); L. (baron de); L. B. (Auguste); La Bouisse (de); La Chabéaussière (de); La Coretterie (de), 3; Le Bailly, 2; Le Corsu (Victor), de Caen; Le Filleul des Guerrots, 5 dont 4 sig. L. F. D. G.; Lemarchant; Le Prévost d'Iray (vicomte), 3; M. (P. L.), de Lille, 2; Mahul (Alp.); Mandelot Sainte-Croix (baronne); Mangin (Victor) père; Martin (Auguste), 2; Masson (Auguste); Mauduit (E.), 2; Ménard de Rochecave, 2 dont une p. 216; Menuau (Guy); Montherot; Morel (Hyacinthe); Moullle (Auguste), 4;

Mulot (Ch.), de la Gironde; P. R., de Châlon-sur-Saône, 3; Paccard, 2: Pain (Joseph), 3: Patras (Louis); Pépin (C. S.), de Bourges; Pfaffenhoffen (comte de); Pierquin (C.), de Bruxelles; Pinsot (Jules); Ponsardin-Simon, 2; R. de L., 2; Regnault de Beaucaron, 3; Roques, aveugle de naissance; Saint-Amand (de); Saint Geniès (Léonce de); Sainte-Marie (C. de), 3: Sales (de), de Narbonne; Salm (Constance, princesse de), sig. S**; Salvaing (F.), 3; Samson, de Caen; Saquenville (de), 2; Simonnet (Maurice); T** (V., baron de); Talairat, 5 au lieu de 4, p. 279; Tangris (A. L. P. de), 2 au lieu de 3, une sig. Talairat; Terrasson, 2; Tézenas, de Montbrison; Théophile (H.): Thuret, 4; Travers (J.), de Valognes, 2; V. (L. de); V. (Victor) de Bayeux: Vigée, 8; X. sig. T.

1821. Titre gravé: *Almanach* | *des Muses* | *an M. DCCCXXI* (vignette n. s. représentant une femme écrivant; à ses pieds une lyre et derrière l'Amour sur un socle). *A Paris* | *Chez Le Fuel, Libraire Editeur* | *rue St Jacques, n° 54.* In-12.

Faux titre, frontispice n. s. avec ces deux vers: *Pour avoir ton anneau, je viens auprès de toi:* | *Donne-moi ton anneau, guerrier donne-le moi*; le titre gravé, le calendrier et l'avertissement au Lecteur sig. J. G. — 290 pp. chiff. pour les poésies et leur table, l'avis aux lecteurs (291), pp. 292 à 312 pour la « Notice... »

Voici le texte de l'*Avertissement au Lecteur*:

Les amis des lettres ont eu à déplorer cette année la mort de M. Vigée, Editeur de l'*Almanach des Muses*. Poëte aimable, critique judicieux et formé à l'école de Gresset, dont ses écrits rappellent à la fois la grâce et la correction, personne ne pouvait, mieux que lui, veiller sur le dépôt de nos richesses poétiques, et ouvrir les portes du temple du Goût aux jeunes auteurs qu'il instruisait de ses conseils et de son exemple.

Le nouvel Editeur de l'*Almanach des Muses* n'a ni son talent ni les mêmes titres à la confiance du public: il s'efforcera d'y suppléer par son zèle. Heureux s'il peut contribuer à ranimer le culte des Muses! Déjà un grand nombre de nos littérateurs les plus distingués lui ont ouvert leurs portefeuilles. Il les en remercie, et il espère, aidé par eux, soutenir l'honneur d'un Recueil qui compte bientôt soixante années de succès, et qui fut toujours regardé comme les archives du Parnasse Français.

Paris, ce 1er décembre 1820.

J. G. (Justin Gensoul).

Cette année 1821 contient 153 pièces dont 8 sont anonymes. Les 145 pièces signées de noms ou d'initiales appartiennent aux auteurs suivants :

A.; Agniel, 2; Ampair; Audiffret (L. D. L.), 2; Auguste, de Caen, 2; Bignan (A.); Blanchard de La Musse, 2 dont 1 sig. B. D. L. M.; Blondel; Boutroux; Brisset (J.); Butignot, 4; Campenon, 2; Charles (Antoine); Chartier de Chenevières; Coulleau; Coupé de Saint-Donat, 3; Coupigny (de); D. (Ernest), 3, sig. E. D.; Dallier (Edmond); Dartois de Bournonville, 2; Delavigne (Casimir), 3; Delon (Aza); Denne-Baron, 2; Dereboul-Berville; Désaugiers; Desbordes-Valmore (Mme), 4; Desroches (Mme), 2; Dumas; Dupuy des Islets, 7; Dutramblay (baron); F. F.; F. L.; Falaize de Verneuil, 3; Famin, 3; Fourvières (de); François de Neufchateau, 2 dont une sig. F. D. N.; Fumelo (T. A.), 2; Gensoul (Justin), 3; Grand; H. L.; Hennet, 2; Héreau (E.), 2; J. D. G.; Joliveau (Mme Adine); Lablée; La Bouisse (de), 2; La Coretterie, 2; Lamartine (Alph. de); Le Bailly, 2; Le Filleul des Guerrots, 2 dont une sig. L. F. D. G.; Legouvé; M. (le baron de); Martin (Auguste), 2; Mennechet (Ed.); Michaux (Clovis); Mollevaut, 3; Monperlier (J. M. A.), 2; Morel (Hyacinthe); Moullle (Auguste), 2; Moyria (de); Naudet (A.), 2; P.; P. (Mme de); P. R.; Parseval-Grandmaison; Pillet (Fabien), 3; Ponsardin-Simon, 2; Pradel (comte de); R. D. L., 2; Raoul (L. V.); Romagnési; Saint-Félix (baron J. de); Saint-Maurice (de); Saintine (X. B. de), 2; Salm (princesse de), sig. S., 2; Salvaing; Saquenville, 2; Ségur (comte de), 2; Stassart (baron de), 2; Talairat; Terrasson; Tézenas; Valadous (marquis E. de); Verneuil, voir Falaise; Vial (J. C.), 2; Viennet, 3; Vigée, 2.

Il nous a semblé intéressant de reproduire certains comptes-rendus littéraires de l'*Almanach des Muses*, comme reflétant l'opinion de l'époque; ces comptes-rendus, d'ailleurs assez rares, ne se rencontrent. pour mad. Desbordes-Valmore, Victor Hugo, Lamartine et Jean Polonius, que dans trois années de l'*Almanach*.

Poésies de Madame Desbordes-Valmore, à Paris, chez François Louis, Libraire, rue Hautefeuille, N° 10.

Un charme entraînant attache à la lecture de ces vers. On voit que Mme Desbordes Valmore écrit parce que son cœur l'inspire. Ses idées, qui se pressent avec abondance, appartiennent à son sexe, et elle les développe avec cette délicatesse de sensibilité qui semble être le partage exclusif des femmes. Son coloris, quoique vaporeux et mélancolique, a de la vigueur; son vers, qui dit toujours quelque chose, est doux et facile; elle possède l'art d'intéresser le lecteur à ses tableaux et de l'émouvoir par une expression inattendue. Cependant Mme Desbordes-Valmore doit se défier un peu de sa facilité. Ses négligences ne sont pas toutes heureuses; l'analyse du sentiment qu'elle éprouve est quelquefois subtile ou obscure. Mais les pièces où l'on remarque ces défauts sont en petit nombre. Ce sont des fleurs qui ne devraient pas être admises dans les fraîches guirlandes que sa muse a tressées.

Méditations poétiques, par M. Alphonse de Lamartine, avec cette épigraphe: Ab jove principium. Virg. Paris, Henry Nicolle, rue de Seine. N° 12.

Le talent de ce jeune poète a été jugé: nos éloges n'ajouteraient rien à sa réputation. Comme le Lévite, il semble avoir écrit dans le sanctuaire; cependant les chants dans lesquels il exhale ses doutes, et interroge la nature, ne sont pas les moins beaux. On peut lui reprocher, peut être, un peu de vague et d'obscurité. Lorsque, rappelant sa Muse vers la terre, il célèbre son amour pour Elvire, le lecteur le comprend mieux, et alors l'intérêt du sujet vient se joindre au charme des beaux vers.

1822. Titre gravé : *Almanach | des Muses | an M. DCCCXXII* (vignette non signée représentant une femme nue tenant en mains une guirlande). *A Paris | Chez | le Fuel, lib*re *Rue S*t *Jacques. N° 54 | Delaunay, lib*re *Palais Royal, Galerie de bois.* In-12.

Le titre gravé et le calendrier pour 1822 — 291 pp. chiff. pour les poésies et leur table, l'avis aux auteurs (292), pp. 293 à 311 (211 par erreur) pour la « Notice... »

Cette année contient 168 pièces dont 9 sont anonymes. Les 159 pièces signées de noms ou d'initiales appartiennent aux auteurs suivants:

Aignan; Ancelot; Arnault (A. V.), 2; Audiffret (L. D. L.); B.; Belloc (J. H.); Béranger (P. J. de), 2; Bignan; Blanchard de La Musse, 2 dont 1 sig. B. D. L. M.; Blondeau, de Commercy, 2; Boinvilliers (de); Bonvoisin (L.); Boucharlat, 2; Boucher de Perthes (J.), 4; Brès (J. F.), 2; Briffaut; Brisset (J.); Butignot, 2; Caen (de); Chartier de Chenevières, 2; Chas; Chaudruc de Crazannes (baron); Chênedollé; Coupé de Saint-Donat, 2; Coupigny (de); Courcy (Frédéric de); D. (Ernest), 3; D. L. (baron); Dalban, 2; D'Argenton (Charles); Delavigne (Casimir), 2; Delcroix, 2; Demoustier, p. 269; Denne-Baron, 2; Desbordes-Valmore (Mme); Deville (Albéric), 3; Drobecq; Dupont (Aimé); Dupuy des Islets (chev.), 6; Fayolle; Fontenille; François de Neufchateau; Fumelo (F. T. A.), 2; Gaulnier (A.); Gensoul (Justin), 4; Gentil; Guérin (Hippolyte-Louis), 2; Héreau (E.), 2; Holmondurand; J.; Jame de Saint-Léger; La Blée (chev.); La Bouisse (de); Lamartine; Le Bailly, 3; Lebrun (D.); Le Filleul des Guerrots, 2; Lemercier (N. L.); Lémou (F.); Le Prévost d'Iray, 2; Letellier (J. C.); Levavasseur, 2; Liadières (Ch.); Longchamps (chev. de); Marvielles; Mély-Janin; Ménard de Rochecave, 2; Merville, 2; Michaux (Clovis), 2; Miger

(P. A. M.), 2; Mollevaut, 2; Monlas (P. L.), de Lille; Moullle (Auguste), de Chartres, 2; Naudet (A.), 3; Neste, 3; Nogaret (Félix); P. J. D.; P. R., de Châlon-sur-Saône; Pépin, de Bourges; Pillet (Fabien), 2; Priscille d'Autenart; R. B.; R. D. L., 2; Routier; Saintine (X. B.); Saint-Maurice (Ch. de), 2; Santo Domingo; Saquenville (de), 2; Sigoyer (Antonin de); Sollier; Soumet (Alex.); Sourdon de La Corellerie; Talairat, 3; Tézenas, de Montbrison, 2; Théveneau (feu); Thuret; Tissot, 2; Travers (J.), 3; Valadous (marquis E. de), 2; Viennet, 2; Villodon (Henri de).

1823. Titre gravé: *Almanach* | *des* | *Muses* | *pour 1823* | vignette représentant un amour qui fait des bulles de savon. *Paris,* | *Alex. Eymery Libraire* | *1823.* In-12.

Faux titre, dessin de Choquet gravé par Lejeune: *Erato*, le titre gravé, l'avis aux auteurs et le calendrier — 282 pp. chiffr. pour les poésies et leur table, pp. 283 à 296 pour la « Notice... » Les pièces signées d'initiales ont été placées aux anonymes de la table.

Cette année contient 152 pièces dont 6 sont anonymes (1). Les 146 pièces signées de noms ou d'initiales appartiennent aux auteurs suivants:

A. C. P. D.; Agniel, 3; Agoub (J. E.); Alletz (Edouard); Amic (Auguste); Arnault (A. V.), 2; Audiffret, 2; B., p. 238; Basar (El. de); Bignan (A.); Blanchard de La Musse, 5 dont une sig. p. 127, B. D. L. M.; Boinvilliers (de), 2; Boucharlat; Boucher de Perthes (J.), 2; Butignot, 3; Caen (de); Carbonel (A. J.), 3; Chaudruc de Crazanne (baron de), 2; Corbière (E.); Coupé de Saint-Donat, 2; Courcy (F. de), 2; D. (Ernest), p. 40 sig. E. D.; Dalban; Delcroix (F.), 3; Delon (Aza), 2; Denne-Baron, 2; Déoux (J. J. A.); Desbordes-Valmore (Mme), 2; Deville (Albéric), 2; Du Bois de Beauchêne (Alcide), 2; Dupont (Aimé);

(1) Sur les 14 pièces anonymes de la table il y en a 8 qui sont signées d'initiales.

Dupuy des Islets; Famin; Fleury (H.); Gensoul (Justin), 3; Gentil; Géraud (Edmond); Grancher (J. C.); Guérin (Hippolyte Louis), 3; H. L., 2 pp. 155 et 180; Héreau (E.), 2; Holmondurand (1), sig. Lhomondurand; Hugo (Victor); J. L.. p. 108; Jame de Saint-Léger; Joliveau (Mme A.), 2; L. F., p. 181; Labouisse (de), 2; Lauréal (de); Le Bailly, 4; Lebrun (D.); Mély-Janin; Ménard (N. G.) de Rochecave, 5; Michaux (Clovis); Miger (P. A. M.); Milcent; Millevoye (feu); Mollevaut, 3; Morel (Hyacinthe), 2; Mortier, 2; Moufle (Auguste), 2; Moyria (Gabriel de); N. (Edouard); Naudet (A.), 4; Nogaret (Félix); Pellet d'Epinal; Pépin (C. B.), de Bourges; Pommeraye (Mme de); Rigaut (A.); Saint-Cyr-Poncet-Delpech; Saint-Geniès (Léonce de); Saintine (X. B.); Saint-Michel (Alexis de), 2; Saquenville, 3; Ségur (comte de), 2; Servant de Sugny; Sigoyer (Antonin de); Sollier; Staël-Holstein (feue la baronne de); Talairat; Terrasson, 3; Tézenas de Montbrison; Théveneau (feu); Touchard-Lafosse; Travers (J.), 3; Vaysse de Villiers; Viennet, 2; Villodon (Henri de).

1824. Titre gravé: *Almanach | des | Muses* | *(1824)*, | vignette n. sig. représentant Pâris offrant la pomme à Vénus devant Junon et Minerve. | *A Paris* | *Chez Alexis Eymery, Libraire,* | *Rue Mazarine, N° 30.* | *(1824).* In-12.

Titre gravé et calendrier — 273 pp. chiff. pour les poésies et leur table; l'avis aux auteurs (274), pp. 275 à 288 pour la « Notice... »

Cette année contient 117 pièces dont 2 sont anonymes. Les 115 pièces signées de noms ou d'initiales appartiennent aux auteurs suivants:

Agniel, 4; Agoub (J. E.); Alletz (Edouard), 2; Arnal (E.); Béranger (P. J.); Berthoud (Henry); Bignan (A.); Boisvilliers (de); Boucharlat; Boucher de Perthes (J.), 2; Bouilly, 2; Bruyère (J.); Bulignot, 2; Chauvet; Chièvres (chevalier de); Coupé de Saint-Donat; D. (Ernest); Delavigne (Casi-

(1) Nicolas-François Durand de Modurange.

mir), 2; Delcroix (F.), 2; Delon (Aza), 2; Denne-Baron; Denne-Baron (Mme Sophie); Deville (Albéric), 3; Dupont (Aimé); Durangel; E. P. (Mme); Fabre (Victorin), 3; Famin; François de Neufchateau (comte); Gensoul (Justin), 3; Géraud (Edmond); Girault (Auguste); Guérin (Hippolyte-Louis), 2; Guiraud (Alexandre); H. D.; H. L., 2; Halévy (Léon), 4; Jacquelin (J. A.), 2; Joliveau (Mme A.), 2; La Bouisse (de); Lamartine (Alph. de); Le Bailly, 2; Le Filleul des Guerrots; Le Prévost d'Iray; Marcellus (comte de); Ménard de Rochecave; Merville; Michaux (Clovis), 3; Miger (P. A. M.); Millevoye; Montémont (Albert), 2; Morel (Hyacinthe), 2; Mouffle (Auguste), 2; N.; Naudet (A.), 3; Nogaret (Félix), 2; P. R., de Châlon-sur-Saône; Pillet (Fabien), 2; Rigaud (Auguste), 2; Saint-Albin (comte de); Saint-Geniès (Léonce de), 3; Saintine (X. B.); Saint Michel (Alexis), 2; Saquenville (de), 2; Scribe (Eugène); Stassart (baron de), 2; Talairat; Tastu (Mme Amable); Terrasson, 3; Tézenas, de Montbrizon; Travers (Julien); Vieillard (P. A.); Villodon (Henri de), 2.

La Mort de Socrate, poëme, et nouvelles méditations poëtiques, par M. Delamartine chez Ladvocat, libraire, Palais-Royal.

Nous devrions payer notre tribut d'éloges au talent poétique qui brille dans ces deux ouvrages; mais M. Delamartine s'est rendu volontairement coupable de fautes de goût et de langage que les Muses ne peuvent pas lui pardonner. Elles attendent, pour l'absoudre, qu'il ait fait réparation de ses outrages envers la langue de Racine et de Fénelon.

1825. Titre gravé : *Almanach* | *des* | *Muses* | *1825* | vignette : la Renommée souffle sur des bulles de savon ; un amour cherche à les attraper tandis qu'un autre amour, appuyé sur une pile de livres, s'apprête à faire de nouvelles bulles. | *A Paris* | *chez Bouquin de la Souche, Libraire-Éditeur* | *Boulevard St-Martin, No 3.* In-12.

Faux titre, titre gravé et le calendrier — 275 pp. chiffr.

pour les poésies et leur table, l'avis aux auteurs (276) ; pp. 277 à 284 pour la « Notice... »

Cette année contient 140 pièces dont 3 sont anonymes (1). Les 137 pièces signées de noms ou d'initiales appartiennent aux auteurs suivants :

Agniel ; Alletz (Edouard), 2 ; Ancelot ; Arnal (E.) ; Arnault (A. V.) ; Audiffret (L. D. L.) ; Babois (Victoire) ; Belmontet (Louis) sig. Belmonte ; Bignan (A.), 2 ; Blanchard de La Musse, 3 ; Blondeau (F.), de Commercy ; Boinvilliers ; Boucharlat ; Boucher de Perthes, 2 ; Boulay-Paty (Evariste) ; Brault (L.), 2 ; Brazier ; Brès ; Bruyère (J.) ; Cappot de Feuillide ; Carbonell (A. J.) ; Coignet (F.) ; Coupé de Saint-Donat, 2 ; Courcy (F. de), 2 ; D. (Ernest) ; D'Aizac (Félicie), 2 ; Delcroix (F.), 2 ; Delon (Aza) ; Denne-Baron, 2 ; Dereboul-Berville ; Deville (Albéric) ; Dufrénoy (Mme) ; Fabre (Victorin), 2 ; Famin ; François de Neufchâteau. sig. F. D. N. ; Gay (Delphine) ; Gensoul (Justin), 3 ; Géraud (Edmond) ; Guérin (Hipp^te-Louis), 2 ; Guiraud (Auguste) ; H. L., 2 ; Henry (F. A.). d'Angers ; Héreau (E.), 2 ; Hugo (Victor) ; Jame, de Lyon ; Joliveau (Mme), 2 ; Joseph (Mme) ; Lafitte (P. J.) ; Lamarque (Nestor de), 2 ; Lamartine (Alph. de) ; Latouche (Henri de) sig. H. Delatouche ; Le Bailly, 2 ; Le Blanc (A.), 2 ; Le Filleul des Guerrots, 2 ; Lemazurier ; Le Prévost d'Iray ; M., 4, pp. 82, 91, 108 et 159 ; Martin (Auguste) ; Michaux (Clovis) ; Montémont (Albert) ; Morel (Hyacinthe) ; Moufle (Auguste) ; Mullot (Ch.), 2 ; Naudet (A.), 4 ; P. R., de Châlon-sur-Saône, 2 ; Picard (Espérance) ; Ponsardin-Simon, 2 ; R., 2 ; Rigaud (Auguste) ; Rolle (Hipp^te) ; Romagnesi (A.) ; S. M. ; Saint-Cricq (Auguste de) ; Saint-Geniès (Léonce de) ; Saint-Michel (Alexis de) ; Salm (princesse Constance de) ; Saquenville (de) ; Sauvage (L.) ; Scribe (Eugène) ; Ségur (comte de), 2 sig. C. de S. ; Sigoyer (Antonin de), 3 ; Stassart (baron de), 4 ; Talairat ; Terrasson, 5 ; Turquety (Ed.) ; V. ; Vaysse de Villiers ; Vial (P. J. C.), 4 ; Vieillard (P. A) ; Viennet ; Vigée (feu) ; Villodon (Henri de).

(1) Parmi les pièces anonymes au nombre de 7, quatre étaient signées M.

1826. Titre gravé : *Almanach des Muses (1826)* ; vignette de Chasselat gravée par Aze, représentant un barde assis sur un rocher, au bord d'un torrent, chantant les louanges d'Homère dont le buste est accompagné d'une palme, d'une branche de laurier, d'une lyre et d'une couronne. | *Paris* | *Chez Bouquin de la Souche, Libraire-éditeur* | *Boulevard St-Martin, N° 3.* In-12.

Faux titre, le titre gravé et le calendrier — 284 pp. chiffr. pour les poésies et leur table, l'avis aux auteurs (285), et pp. 286 à 298 pour la « Notice... »

Cette année contient 118 pièces dont 2 sont anonymes (1). Les 116 pièces signées de noms ou d'initiales appartiennent aux auteurs suivants :

Andrieux ; Arnal (E.) ; Audiffret (L. D. L.), 3 ; Babois (Victoire) ; Balland (Eugène) ; Bayard ; Bignan (A.), 2 ; Blanchard de La Musse ; Blondeau (J.) de Commercy ; Bordeaux (A.) ; Boucharlat ; Boucher de Perthes, 2 ; C. D. S. D., voir Coupé ; Cabassol (Justin) ; Camille ; Chartier, de Chenevières ; Chaudruc de Crazannes (baron de) ; Chauvet, 2 ; Citerne jeune ; Coignet (F.) ; Coupart ; Coupé de Saint-Donat, 2 ; Courcy (de) ; D. (Ernest), 2 ; Delcroix (F.) ; Delon (Aza), 2 ; Denne Baron ; Dereboul-Berville, 2 ; Desbordes-Valmore (Mme) ; Desroches (feue Mme) ; Ducrest de Villeneuve ; Dufrénoy (feue Mme) ; Fayol (V. Alphonse) ; Fumelo (Gustave), 2 ; Gay (Delphine) ; Genlis (comtesse de), 2 ; Géraud (Edmond) ; Gimon (Marius) ; Guérin (Hippte-Louis) ; H. L. ; Halévy (Léon), 2 ; Henry (F. A.), d'Angers ; Héreau (E.) ; Hugo (Victor) ; Isaure (Mlle P. L.) ; Labouisse (de) ; Lamarque (Nestor de) ; La Montagne (J. de) ; Le Bailly (A. F.), 2 ; Le Filleul des Guerrots, 2 ; Le Mazurier, 2 ; Lemercier (Nép.) ; Le Prévost d'Iray ; M., 2 ; M. (Polidore) ; Montémont (Albert) ; Morel (Hyacinthe) ; Mouffle (Auguste), 3 ; Naudet (A.), 3 ; P. R., de Châlon-sur-Saône ; Périé-Candeille (Mme) ; Petit-Senn (J.),

(1) Elles manquent à la table.

de Genève ; Picard (Espérance), 2 ; Pietro F. Em. di), 2 ; Pillet (Fabien), 2 ; Poisson (H. T.) ; Rigaud (Auguste) ; Romagnesi (A.) ; Saint-Amand (de) ; Saint-Ferréol (E. de) ; Saint-Geniès (Léonce de) ; Saint-Michel (Alexis de), 2 ; Salles (de) ; Saquenville (de), 2 ; Signol (Alphonse) ; Sigoyer (Antonin de), 2 ; Stassart (baron de), 3 ; Tastu (Mme Amable) ; Terrasson, 2 ; Thuret ; Travers (Julien) ; Turquety (Ed.) ; Var** (Mlle de) ; Vieillard, 2 ; Viennet, 2 ; Vierne (Charles).

1827. Titre gravé : *Almanach | des Muses | 1827 |* même vignette qu'au titre de 1818. *Paris | Chez Bonquin de la Souche, libraire-éditeur | Boulevard St-Martin. N° 3.* In-12.

Faux titre, le titre gravé et le calendrier — 248 pp. chiff. pour les poésies et leur table, l'avis aux auteurs (249), pp. 251 à 262 pour la « Notice... »

Cette année comprend 99 pièces dont 4 sont anonymes. Les 95 pièces signées de noms ou d'initiales appartiennent aux auteurs suivants :

Alletz (Edouard) ; Ancelot ; Audiffret (L. D. L.) ; Bassignot (C. V. M.) ; Bérat (E.) ; Bignan (A.), 2 ; Blanchard de la Musse ; Boucharlat, 2 ; Brault (L.) ; Cabassol (Justin) ; Carbonnell (A. J.) ; Chateaubriand (de) ; Chénier (André) ; Coignet (F.) ; Corbière (Ed.) ; D** (Raymond) ; Deguerle (feu) ; Delcroix (F.) ; Denne-Baron, 2 ; Desbordes-Valmore (Mme) ; Deville (Albéric) ; Dubief (Mme Marie) ; Ducrest de Villeneuve ; Ferlus (R. D.) ; Fontan (L. M.) ; Gensoul (Justin), 2 ; Gentil ; Géraud (Edmond) ; H. L., 2 ; Henry (F. A.) ; Héreau (E.) ; Jame ; Labouisse (de) ; Le Bailly, 2 ; Lebas (Victor) ; Le Filleul des Guerrots, 2 ; Le Prévost d'Iray (vicomte) ; Levavasseur ; Martin (Auguste) ; Mazens (Emile) ; Michaux (Clovis), 3 ; Miger (P. A. M.), 2 ; Modurange (F. D.) ; Montémont (Albert) ; Moufle (Auguste), 4 ; Moulas (P. L.) ; Naudet (A.), 3 ; P** (Er.) ; P. R., de Châlon-sur-Saône ; Pillet (Fabien), 4 ; Pillet (Victor-Evremont), 3 ; Pongerville (de) ; Ponsardin-Simon, 2 ; Rochefort (L. de) : Roulland (Emile), 2 ; Saint-Geniès (Léonce de) ; Sales (de) ; Saquenville (de) ; Sigoyer (Antonin de) ; Silva (Raphaël de) ; Stassart (baron de), 2 ; Talairat, 2 ; Terrasson, 4 ; Thuret ; Tissot (P. F.) ; Travers (J.) ; Vieillard (P. A.) ; Vierne (Charles).

1828. *Almanach* | *des Muses* | *1828* | petite vignette, une harpe. | *Paris,* | *Audin, libraire-éditeur.* | *Quai des Augustins, n° 25,* | *1828.* In-12.

Faux titre, le titre imprimé et le calendrier — 302 pp. chiff. pour les poésies et leur table, l'avis aux auteurs (303), pp. 305 à 320 pour la « Notice... »

Cette année contient 125 pièces dont 1 est anonyme. Les 124 pièces signées de noms ou d'initiales appartiennent aux auteurs suivants :

A. (Mlle Pauline), de Poitiers ; Agniel ; Agoub ; Algulti (Mlle) ; Ancelot ; Bignan (A.) ; Blanchard de la Musse, 2 ; Boucharlat ; Boucher de Perthes ; Boulay-Paty (Evariste) ; Brady (comtesse de) ; Brault (L.), 2 ; Brès (J. P.) ; Bruyère (J.) ; Carbonell (A. J.) ; Ch. du B. (A. de) ; Coupé de Saint-Donat ; Courcy (F. de) ; Darthenay (V.), 2 ; Delavigne (Casimir) ; Delon (Aza) ; Denne-Baron ; Désaugiers ; Desiles-Renard ; Deville (Albéric) ; Dubief (Marie), de Gray ; Du Doré (L. Raymond) ; E. H. ; Faber (Henri) ; Febvé ; Flayol (Alp. V.) ; François de Neufchateau, 2 ; Fugerel (Bl.) ; G. ; Gensoul (J.), 2 ; Gérard de Nerval, 2 ; Géraud (Edmond), 2 ; Grenus ; H. L., 2 ; Halévy (Léon), 2 ; Héguin de Guerle ; Henry (F. A.) ; Héreau (E.), 3 ; Jame ; Jauffret, 2 ; Joliveau (Mme) ; Jouvet-Desmarand ; Lagarde (L.) ; La Villette (Adrien de) ; Le B... (Mlle) ; Le Bailly, 2 ; Le Filleul des Guerrots ; Lemaire (Pierre-Auguste) ; M. ; Machelotti ; Martin (Auguste) ; Maury (Maria) ; Michaux (Clovis), 2 ; Miel ; Modurange (F. D.) ; Moullle (Auguste), 2 ; Naudet (A.), 3 ; P. R., de Châlon-sur-Saône, 2 ; P. T. ; Papion Du Château (F.) ; Pellet ; Pesche de Préval (J. R.) ; Picard (Espérance), 2 ; Pietro (F. Em. di), 2 ; Pillet (Fabien), 3 ; Pillet (Victor-Evremont), 2 ; Piltel, de Langrune, 2, dont une sig. E. Pillet, de Langrune; Pongerville (de); Ponsardin-Simon; Romagnesi (A.); Roulland (Emile); Saint-Félix (baron de), 2; Saint-Geniès (Léonce de), 2; Sigoyer (Antonin de), 2; Simonnin; Stassart (baron de), 4; Talairat, 2; Tampuci (H.); Terrasson, 3; Thuret, 2; V. E. P., de Saint-Aubin-sur-Mer; Vieillard (P. A.), 2; Vierne (Ch.); Wailly (Alfred de).

Odes et Ballades, par M. Victor Hugo. 1 vol. in-18. Chez L'advocat, Palais-Royal.

On trouve dans ces Odes et Ballades, le même luxe de pensée et de poésie que dans les autres productions de l'auteur, mais avec plus de correction dans le style.

Poésies, par M. Jean Polonius. A Paris, chez Aimé André, quai des Augustins, n° 59.

L'auteur de ces poésies est étranger, mais son style n'en est pas moins élégant, et beaucoup de nationaux envieraient sa pureté.

1829. *Almanach | des Muses | pour l'année 1829. | 65e année.* | vignette, une lyre. | *Paris,* | *Chez Audin, libraire,* | *Quai des Augustins, n° 25* | *MDCCCXXIX.* In-12.

Faux titre, le titre imprimé et le calendrier — 269 pp. chiff. pour les poésies et leur table, l'avis aux auteurs (270), pp. 271 à 284 pour la « Notice... »

Cette année contient 119 pièces signées de noms ou d'initiales qui appartiennent aux auteurs suivants :

Augier (Victor); B., 2; Belmontet (L.); Béranger (P. J. de), 2; Bignan (A.); Blanchard de La Musse; Boinvilliers; Boucher de Perthes, 2; Bouilly, 2; Boulay-Paty (Evariste), 2; Boyer-Nioche, 2; Brès (J. P.); Carbonell (A. J.), 2; Carré; Ch. du B. (A. de); Chateaubriand (de); Constant (Antoine); Corbière (Ed.); D'Anglemont

(Edouard); Darthenay (V.), 3; Delcroix (F.); Delon (Aza); Denne-Baron, 2; Deschamps (Emile); Deville (Albéric), 3; Dumas (Al.); Felice (G. de); Gensoul (J.); Gérard (Ed.), 2; Gérard de Nerval, sig. L. Gerval; H. L., 2; Henry (F. A.); Héreau (E.), 3; J. F.; Ladoucette (J. C. F.); Lamarque (Nestor de), 2; Lamartine (Alph. de); Lambert (Edmond); La Villette (Adr. de); Le Bailly, 2; Le Filleul des Guerrots, 2; Léris (vicomte de), 2; M.; Malo (Ch.); Marquessac (vicomte de); Michaux (Clovis); Moutlle (Aug.), 2; Moulas; Naudet (A.), 5; Nodier (Ch.); P. R., de Châlon-sur Saône; P... T., 2; Papion du Château (F.); Picard (Espérance); Pichald (feu); Pillet (Victor-Evremont), 2; Pittet (E.), de Langrune, 2; Polonius (Jean), 3; Ponsardin-Simon, 2; Rigaud (Auguste), 3; Rigoulème (Robert de); S. T.; Saint-Ferréol (E. de); Saint-Geniès (Léonce de), 2; Saquenville (de); Soumet (Alexandre); Stassart (baron de), 2; Tastu (Mme Amable); Terrasson, 4; Thuret; Travers (J.), 4; Valmore (Mme Marceline), 2; Van-Hasselt (A.), de Maestricht; Vial (J. C.); Vieillard (P. A.), 2; Viennet.

1830. *Almanach* | *des Muses* | *pour l'année 1830.* | *66e année* | vignette: une lyre entourée d'attributs divers. | *Paris.* | *Chez Audin, libraire* | *Quai des Augustins, n° 25.* | *MDCCCXXX.* In-12.

Faux titre, le titre imprimé et le calendrier — 272 pp. chiff. pour les poésies et leur table, l'avis aux auteurs (273), pp. 274 à 288 pour la « Notice... »

Ce recueil est publié maintenant sous la direction de Jules Lesguillon. Il contient 100 pièces signées de noms ou d'initiales qui appartiennent aux auteurs suivants :

Agniel; Baour-Lormian; Bignan, 4; Blanchard de la Musse; Blondeau, de Commercy; Boulay-Paty (Evariste), 2; Brazier, 2; Bruyère (J.), 2; Ch. du B. (A. de), 2; Cordellier-Delanoue, 3; Coupé de Saint-Donat; Courcy

(F. de), 2 ; Delavigne (Casimir), 2 ; Delcroix (F.), 2 ; Delon (Aza) ; Denne-Baron ; Deschamps (Antony) ; Deville (Albéric) ; Dubos (A. Constant), 3 ; Ducrest de Villeneuve, 2 ; Du Doré (Raymond), 2 ; Dumas (Alex.), 2 ; Famin ; Felice (Henri de), 2 ; Gay (Delphine) ; H. L., 2 ; Hautelin de Plissons ; Hugo (Victor) ; Lamarque (Nestor de), 2 ; Lamartine (Alph. de) ; Le Bailly, 2 ; Le Filleul des Guerrots, 3 ; Le Prévost d'Iray ; Louis XVIII ; Mennechet (Ed.) ; Modurange ; Moullle (Auguste), 4 ; Naudet (A.) ; P. ; P....t ; Paulin ; Picard (Espérance), 2 ; Pillet (Victor-Evremont) ; Piltel, de Langrune ; Polonius (Jean), 2 ; Ponsardin-Simon, 3 ; Rigaud (Auguste), 2 ; Saint-Geniès (Léonce de) ; Saintine (X. B.) ; Sirven (E. J.) ; Soulié (Frédéric) ; Stassart (baron de), 3 ; Tabarat ; Terrasson, 2 ; Travers (Julien) ; Valamont ; Valmore (Mme Marceline) ; Van Hasselt (André), 3 ; Vigarosy (A. B.), 2 ; Villenave fils ; Waldor (Mme M.), 3.

1831. *Almanach | des Muses. | Pour l'Année 1831 | 67e année.* | vignette : un carquois. *Paris. Chez Audin, libraire, | quai des Augustins, n° 25 | MDCCCXXXI.* In-12.

Faux titre, titre imprimé et le calendrier — 288 pp. chiff. pour les poésies et leur table.

Cette année contient 100 pièces dont 1 anonyme est sig. Mad**. Les 99 pièces signées de noms ou d'initiales appartiennent aux auteurs suivants :

Ancelot ; Arnould (A.) ; B. (A. de) ; Barateau (Emile) ; Betourné (A.) ; Bignan (A.), 2 ; Bonnet (J. B. F.) ; Borel (Pétrus), 2 ; Brès ; Buquet (Léon) ; C. A. L., de Rouen ; Celnart (Mlle Elisabeth) ; Chénier (André), 2 ; Cordellier-Delanoue ; Cottenet (Mlle Emilie) ; Courcy (Frédéric de) ; D'Anglemont (Edouard), 2 ; D'Arthenay ; Delavigne (Casimir), 2 ; Désaugiers ; Desbordes-Valmore (Mme), p. 115 ; Deschamps (Emile), 2 ; Des Landes (Alfred) ; D'Hautpoul (comtesse), 2 ; Drouineau (Gustave) ; Du Leyris (comte) ; Du Leyris (vicomte) ; Dumas (Alex.) ; Durieu (Eugène) ; Escousse (V.) ; Fouinet (E.), 2 ; Gérard de Nerval, 2 dont

1 sig. L. Gerval ; H. L., 3 ; Halévy (Léon), 2 ; Hugo (Victor), 2 ; Lamarque (Nestor de) ; Lamartine (Alphonse de), 2 ; Lassailly (Ch.), 2 ; Laumond, 2 ; Leclère (Hyacinthe), 2 ; Lefèvre (Ferdinand) ; Le Lorrain (Mme R.) ; L'Epinay (Herminie, comtesse de) ; Lesguillon (J.), 3 ; Levol (Florimond), n. sig. dans le texte ; Liège (Augustin de) ; Louis, roi de Bavière ; M** ; Malo (Ch.) ; Maurel (Maximin) ; Montémont (Albert) ; Morin (Constant), de Caen ; Muret (Théodore) ; Nadaud (Auguste) ; Naudet (M. A.) ; Olivier (T.) ; Pillet (Fabien) ; Pillet (Victor-Evremont) ; Polonius (Jean) ; Pongerville (de) ; Prinet (A.) ; Romey (Charles), 2 ; Saint-Félix (Jules de) ; Saint-Valry (A. S.) ; Selme jeune ; Sérionne (E. de) ; Talairat (baron) ; Talbot (Eugène), d'Angers ; Tastu (Mme Amable) ; Tournay (de) ; Turquety (Edouard) ; V. E. P., de Saint-Aubin-sur-Mer ; Vatout ; Vial (J. C.), 2 ; Vieillard (P. A.) ; Villenave fils ; Waldor (Mme Mélanie) ; Yvert (Eugène).

1832. *Almanach | des Muses | pour l'année 1832 | 68e année.* | Vignette : une harpe. | *Paris | chez Audin, libraire, | quai des Augustins, n° 25 | 1832.* In-12.

Faux titre, le titre imprimé et le calendrier (?), 325 pp. chiff. pour les poésies et leur table.

Au verso du faux titre, l' « Avis important » dont voici un extrait :

« M. Justin Gensoul qui avait succédé à M. Vigée dans la rédaction de l'*Almanach des Muses*, nous prie d'annoncer qu'il y est devenu étranger depuis l'année 1830, et qu'ainsi il serait inutile de lui adresser désormais des pièces de vers ou des réclamations à ce sujet. »

Cette année contient 166 pièces (1) dont une est anonyme (p. 250). Les 165 pièces signées de noms ou d'initiales appartiennent aux auteurs suivants :

Antignac (Ardant) ; Barrière (Alexis) ; Barthélemy ; Bazénery (Frédéric) ; Beauchêne, 2 ; Berrier (Constant) ; Bignan

(1) Cinq pièces signées ont été oubliées à la Table.

(A.), 2 ; Blanchard de la Musse, 3 dont 1 sig. B. D. L. M. ; Bodin (Alph.), âgé de 16 ans ; Borel (Pétrus), 2 ; Bosq (Théophile) ; Boulay-Paty (Evariste), 2 ; Boyer-Nioche ; Branchu (Caroline), 3 ; Brassier (Auguste) ; Brès (J. P.), p. 194 ; C. A. L., de Rouen, 2 ; Cantil, major de cavalerie ; Carlier (Théodore) ; Cavé ; Chézi ; Claray (J. B.), de Crest-Voland, 2 ; Cobourg ; Cordellier-Delanoue ; Creuzé (A.) de Lesser ; D'Anglemont (Ed.), 2 ; Delavigne (Casimir) ; Denne-Baron, 2 ; Desbordes-Valmore (Mme), 2 ; Deschamps (Antony) ; Deschamps (Emile), 2 ; Desportes (Auguste), p. 176 ; D'Hautpoul (comtesse), 2 ; Drouineau (Gustave), p. 294 ; Dubief Caignet (Marie), 3 dont 1 p. 125 ; Dubos (Constant) ; Ducoté ; Ducrest de Villeneuve ; Du Doré (Raymond) ; Du Leyris (vicomte Amédée), 2 ; Dupasquier (L.), 2 ; Dupasquier (P.), de Lyon, 2 ; Dupuis-Desmarais ; Durand (Benj.), de S^{t}-Lo, 3 ; D'Ussy (vicomte) ; Fayolle ; Flandin (Mlle Solange) ; Foucher (Paul) ; Gautier (J. E.) ; Gautier (Théophile) ; Gavet (Daniel) ; Gay (Charles) ; Gérard de Nerval, 7 ; Gimon (Marius) ; Halévy (L.) ; Héreau (Edme) ; Lamarque (Nestor de) ; Lamartine (Alp. de) ; Larousse (Mlle J. C.) ; Lassailly (Ch.), 3 ; Le Flaguais (Alp.) ; Le Lorrain (Mme R.) ; Leroy (Adolphe) ; Lesguillon (J.), 3 ; Lesguillon (Mme Nathalie) ; Levol (Florimond), 2 ; Louis XVIII ; Loy (A. de), 2 ; Lucas (H.), 2 ; Maquet (Auguste), signé Mac-Keat (Augustin), 2 ; Mathieu (A.) ; Maupair (Alfred), 2 ; Maurice (Justin) ; Mauviel (Jules) ; Miger (P. A. M.), 2 ; Modave, 2 ; Mollevaut, 2 ; Montémont (Albert), 2 ; Montesquiou (Anatole de). Mouflle (Auguste) ; Muret (Théodore) ; Naigeon (C. B.) ; Ourliac (Ed.) ; Papion du Château (F.), capitaine de cavalerie ; Petit (Jules) ; Pierquin de Gembloux, 4 ; Pillet (Fabien), 3 ; Pillet (Victor-Evremont), 3 ; Poisson (H. T.) ; Pongerville (de) ; Pons de Verdun, 3 ; Ponsardin-Simon ; Raet-Madoux (Auguste) ; Rességuier (Jules de) ; Saint-Félix (Jules de) ; Savoye (Mme R. de) ; Ségalas (Mme Anaïs) ; Servan de Sugny (feu) ; Sigoyer (Antonin de) ; Soumet (Alex.) ; Talairat (baron de), 2 ; Tasairet (Talairat ?) (baron de), p. 135 ; Thévenot ; Turquety (Edouard) ; V. E. P., de Saint-Aubin-sur-Mer, 2 ; Valmalète ; Vaucel ; Vieillard (P. A.) ; Viennet ; Vigarozzi (de) ; Vigny (Alfred de) ; Villiers (P.), 2.

1833. *Almanach | des Muses | pour l'année 1833. 69e année. | Paris, Audin, libraire-éditeur, | quai des Augustins, n° 25 | 1833.* In-12.

Faux titre, le titre imprimé, le calendrier(?), et 320 pp. chiff. pour les poésies et leur table.

Au verso du faux titre, l' « Avis important » dont voici un extrait :

« Depuis 1829, l'analyse des pièces de théâtre jouées pendant l'année avait été interrompue ; nous nous proposons de la reprendre l'an prochain. Nous rendrons compte également des ouvrages en vers dont on nous aura adressé *deux* exemplaires.

« Aucune pièce politique n'entrera désormais dans ce Recueil : c'est une concession faite au vœu unanime de nos lecteurs. »

Cette année 1833 (la dernière) contient 163 pièces (1) signées de noms ou d'initiales qui appartiennent aux auteurs suivants :

Arbey (Mlle Louise) ; B. (Edmond de), 3 ; Bard (Joseph) ; Bazot ; Béranger (P. J. de) ; Bignan (A.) ; Bisse (Léon) ; Bosq (Théophile) ; Bossel de Saint-Martin ; Boulay-Paty (Evariste) ; Branche (L.), de Montpellier ; Branchu (Caroline) ; Brisset (J. M.) ; C. L., de Maine-et-Loire ; Cabassol (Justin), 8 ; Carlier (Théodore), 2 ; Cassagnaux (Ed.), 5, dont 4 sig. Ed. C. ; Chateaubriand (de) ; Chopin (Ch. Auguste), 2 ; Claray (J. B.), de Crest-Volland, 2 ; Creuzé de Lesser (A.), 2 dont une non signée dans le texte ; Creuzé (Octave) ; D. B. (Alfred) ; D. M., p. 286 ; D'Anglemont (Ed.) ; Decour (Eugène) ; Delacroix ; Denne-Baron ; Deschamps (Emile) ; D'Espinay (marquise) ; Desportes (Auguste) ; Du Leyris (vicomte Amédée) ; Dumas (Alexandre) ; Dupasquier (L.), 2 ; Dupasquier (P.) ; Fayolle, 9 ; Folleville (Mlle) ex-actrice du Th. de Lyon, 2 ; G. F. T. R., 5 ; Gaubert (H. C.) ; Gautier (J. E.), 2 ; Gautier (Mme), 2 ; Gautier (Théophile) ; Gouré (Alex.), 2 ; Gris (Eusèbe) ; Guéron-Duval ; H. L., 8 ; Hadot (E. S.), 2 ; Hugo (Victor),

(1) Quatre manquent à la Table.

p. 309 ; Jouvenin (J. B.), de Grenoble ; Lamarque (Nestor de), 2 ; Lamartine (Alph. de), 2 ; Lefèvre (Alfred), d'Amiens, 2 dont 1 p. 180 ; Lefèvre (Ferdinand) ; Le Filleul des Guerrots, 2 sig. L. F. D. G. ; Le Flaguais (Alph.) ; Le Lorrain (Mme Rose) ; Lemercier (Népomucène) ; Lesguillon (J.), 2 ; Louis XVIII ; Maldigni (baron de) ; Marquessac (vicomte au lieu de marquis) ; Martin (Alexandre), 2 ; Mathieu (Adolphe), 3 ; Maurice (Justin) ; Mercœur (Elisa) ; Mollevaut, 5 dont 1 p. 234 ; Montémont (Albert) ; Mouffle (Auguste), 3 ; Paulin, 2 ; Pillet (Victor-Evremont), 3 ; Poisson (H. T.) ; Pons de Verdun, 5 ; Ponsardin-Simon, 3 ; Randon-Duthil ; Rességuier (Jules de) ; Rigaud (Auguste), 2 ; Risville ; Sandrin (Mlle Hermance), 2 ; Ségalas (Anaïs), 2 ; Servan de Sugny, 2 ; Sollier ; Talairat (de) ; Tézenas, de Montbrison, 2 ; V. E. P., de Saint-Aubin-sur-Mer ; Valmore (Mme Marceline) ; Vieillard (P. A.), 3 dont 1 sig. P. A. V. ; Vigarosy (A. B.) ; Villiers (P.), 3 dont 1 sig. P. V. ; Wailly (Léon de).

TABLES

I. — Des Auteurs *et du nombre de leurs pièces classées par années.*

II. — Des écrivains étrangers traduits ou imités *avec l'indication de l'année et des pages où leurs pièces figurent.*

III. — Des *principaux* noms des personnes auxquelles les pièces sont adressées ou qui ont été l'objet de portraits, d'éloges, de satires, d'épitaphes, d'épigrammes, etc. (*id.*).

IV. — Des *principaux* sujets traités dans les poésies : événements politiques, découvertes scientifiques : aérostation, etc. : questions sociales ; célibat des prêtres, etc., etc. (*id.*).

V. — Des airs gravés ou imprimés (*id.*).

VI. — Du titre et du premier vers des pièces d'un certain nombre d'auteurs plus ou moins célèbres, particulièrement de 1810 à 1833.

Les dates 65 à 99 doivent être précédées du chiffre 17 : 1765 à 1799 ; — celles de 00 à 33 du chiffre 18 : 1800 à 1833.

Tous les noms commençant par D^e^, Du, Le, La sont classés aux dites lettres.

Les initiales P. E. désignent le volume : *Pièces échappées à l'Almanach des Muses, 1781.*

I. — Table des auteurs et de leurs pièces classées par années.

A

B

(1) Les pièces signées B. D. L. M. sont distinctes de celles signées Blanchard de la Musse dans l'*Almanach des Muses* et cependant nous les attribuons à ce dernier. Pourquoi ? Tout simplement parce qu'à nos yeux, l'éditeur de l'*Al. des M.* se refusait à inscrire à la table un trop grand nombre de pièces du même auteur, et ce, pour maintenir une sorte d'équilibre entre tous les poètes de ce recueil.

(1) Voir la note 1, p. 115 qui s'applique aux initiales Ch. de B., comme elle s'appliquait à celles de B. D. L. M.

(1) Les deux Deville n'en doivent faire qu'un seul.

E

G

M

(1) La table de 1779 indique 12 pièces, mais il en manque 2 : celles des p. 63 et 124 ; par contre une pièce, p. 132 n'est pas à la dite table.

N

S

T

(1) Une est signée de l'auteur des *Enfants du Pauvre Diable*, p. 33.

X

Y

Z

II. — Table des auteurs étrangers traduits ou imités (1).

A

B

(1) Nous avons compris dans cette table les poëtes français ayant versifié en latin. — Les chiffres gras indiquent l'année, les chiffres ordinaires la page.

H

I

J

K

L

P

Q

R

S

III. — Table sommaire des noms des personnes auxquelles les pièces insérées dans l'*Almanach des Muses* ont été adressées, ou qui ont été l'objet de portraits, de satires, d'épigrammes, etc., etc. (1).

A

B

(1) Nous n'avons pas retenu les noms de l'année **65** (B) parce qu'ils sont portés dans **65** (A) qui est la première année de l'*Almanach des Muses*. — Les chiffres gras indiquent l'année, les chiffres ordinaires la page.

D

E

F

G

H

I

N

O

P

R

T

V

W

X

IV. — Table des principaux sujets qui ont fait l'objet de pièces.

D

E

F

S

T

U

V

V. — Table des airs gravés ou imprimés.

Musique gravée.

65(b) P. 119. Romance.

N'est-il, Amour, sous ton empire.

66 P. 25. Le Tourtereau tué à la chasse.

Cœur pur où régnoit l'innocence,

P. 32. Les larmes de l'Amour (par Mathon de La Cour), musique de Pouteau.

Douces larmes, que fait couler le sentiment.

P. 75. Chanson des grenadiers du Régiment de Champagne. A M. le prince de Condé.

S'te fois là j'ons le cœur joyeux.

P. 117. Chanson (de Dorat).

J'ai vu Thémire dans nos champs.

67 P. 31. Canson langodoncieno.

Al léba dé l'auroro.

P. 52. Complainte amoureuse (par de Sauvigny).

O mes ennuis, ô mes ennuis.

P. 67. Chanson de Remi Belleau.

Avril, l'honneur et des mois.

P. 100. Cansonnetto langodoncieno.

Per abé moun cor én gadgé.

68 P. 49. Vénus détrônée (par Dorat).

L'enfant qu'adore la terre.

P. 64. Couplet à Mlle Dangeville, le jour de sa fête (par Le Mierre).

Vive, vive Dangeville / Qui nous enchante d'un regard.

P. 125. Chanson adressée à de jolies femmes dans un soupé (de Rochon de Chabannes).

O Mahomet! ton paradis des femmes.

70 P. 47. Couplets (par Colardeau).

Lise, entens-tu l'orage!

P. 143. Les regrets de l'absence (par Dorat), air nouveau de M. de Monsigny.

Des amours, fidèle interprète.

71 P. 58. Pastorale.

Lisette / Ramène au champ ses troupeaux.

P. 136. Romance (par Léonard).

Quand Colin est auprès de moi.

P. 156. La fuite inutile (paroles et musique de Dorat).

L'autre jour, j'aperçus Lisette.

72 Romance (par la comtesse de ***).

La bonne foi fut ma chimère.

73 Les chiffres effacés, par le marquis de Pezay.

Sur le sable de ces rives.

Couplets anacréontiques (par Barth. Imbert, musique de Philidor).

Ma Noeris avoit irrité.

74 P. 23. Romance (par La Harpe).

O ma tendre Musette! / Musette des amours.

P. 34. Le sort des fleurs (paroles et musique du marquis de Pezay).

La fleur printanière / Qui nait la première.

P. 109. Les caprices (par Saint-Lambert, musique de Grétry).

Mon destin, auprès de Climène.

P. 149. A Rosette (paroles et musique du marquis de Pezay).

J'aime Rosette à la folie.

77 P. 47. Romance (musique de J.-J. Rousseau).

Amour me tient en servage.

P. 67. Romance (paroles et musique du chevalier de Par...) (Parny).

Vous qui, de l'amoureuse ivresse.

P. 139. Plaintes d'une femme abandonnée par son amant (musique de M. Grammaignac) (sic).

Dors mon enfant, clos ta paupière.

78 P. 120. Romance de M. de Leyre (musique de J.-J. Rousseau).

Je l'ai planté, je l'ai vu naître.

P. 143. Couplets pour mad. de M***, jeune et jolie femme, âgée de seize ans, dont Rose est la patronne, par Rochon de Chabannes.

Où sont les amours badins.

P. 161. Romance de Bertin (musique de Mad. D***).

Lison guettoit une fauvette.

P. 197. Chanson à boire, morale et philosophique, de François de Neufchateau (musique d'Albanéze).

Croyez-moi, buvons à longs traits / O mes amis! et buvons frais.

Musique imprimée.

79 P. 21. L'Amour à la mode, de Cailly (musique d'Albanèze).

Je viens de quitter ma Cloris.

P. 95. Le charme des bois, de M. G***.

Que j'aime ces bois solitaires.

P. 149. Edwin et Emma, romance de M. de Leyre (musique de J.-J. Rousseau).

Au fond d'une sombre allée.

P. 199. Le baiser, par Masson de Morvilliers (musique d'Albanèze).

Un doux baiser, Zelmire, ma chère âme.

81 P. 69. L'Amant discret, couplets (n. s.) (musique de Félix).

Pour moi l'Amour n'a plus d'ailes.

P. 137. Chanson de Marsollier des Vivetières (musique de Loodi).

Lise étoit belle et jeunette.

82 P. 133. Les Amours de Diane, romance de Murville musique de Champein).

Un soir, le fils de Saturne.

P. 185. Romance de la marquise de *** (pas de nom de musicien).

Clitandre avoit su m'enflammer.

P. 197. Couplets de F... (musique de B. de Nismes).

Jeunes beautés qui faites taire.

P. 241. Les Amourettes de Berquin (musique d'Albanèze).

Vivent les fillettes.

83 P. 157. Le Paresseux, par M. de Br*** (musique de F...) (Félix?).

Pour un paresseux, pour un amoureux.

P. 171. Les Adieux de Ventre-à-Terre, dragon, à Margotin, sa mie (musique de M. de Gramagnac).

Oui, je pars, adieu, friponne.

P. 193. La bonne fille, de Reynier (musique de Gramagnac).

Affable, douce, complaisante.

P. 231. L'Amant indécis, chanson de Garnier.

J'aimai trois fois dans ma vie.

86 P. 51. Le marché de Cythère ou Vénus, marchande d'amour (paroles de Piis, musique de Grétry).

Savez-vous qu'il tient tous les jours.

P. 151. Le Bain, romance imitée d'un épisode du poëme des *Saisons* de Thompson (paroles de Neuville, musique de mad[lle] de Candeille).

Alcandre étoit berger, Doris étoit bergère.

VI. — TABLE DU DÉPOUILLEMENT DES TITRES ET PREMIERS VERS DES PIÈCES DE QUELQUES AUTEURS, PARTICULIÈREMENT DE 1810 A 1833 (1).

BEAUMARCHAIS (Caron de).

80 Elvire, chanson (7 st. de 11 v.).

La jeune Elvire, à quatorze ans.

06 Mes derniers goûts (14 v.).

Adieu, passé, songe rapide.

BERNARDIN DE SAINT-PIERRE.

96 A Virginie, fille de l'auteur, à sa naissance (10 st. de 4 v.).

Aimable enfant, que nous amène.

BONALD (de).

07 Sur le recueil de poésies d'un homme de lettres (7 v.).

Je lis dans ce recueil qu'Apollon a dicté.

BOREL (Pétrus).

31 Le vieux capitaine (10 st. de 6 v. et 4 v.).

Jean, mon vieux matelot, nous touchons; France!
France!

— Sur les blessures de l'Institut (10 v.).

Il est donc vrai, Français! O Paris, quel scandale!...

(1) Le choix des auteurs dont nous avons relevé le titre et le premier vers des pièces a été arbitraire. Nous ne chercherons pas à le justifier. Disons seulement que pour éviter de grossir inutilement cette *Bibliographie*, nous nous sommes arrêté à quelques personnages célèbres qui ont été poètes par occasion, aux grands, aux petits romantiques et à leurs adversaires, à la condition qu'ils figurent dans l'*Almanach des Muses* pour quelques poésies seulement. Nous avons systématiquement écarté tous les fournisseurs habituels de cette collection.

32 Benoni (4 st. de 6 v.).
Il dort, mon Benoni, bien moins souffrant sans doute.

— La Corse, ballade (13 st. de 6 v.).
Le maestral soufflait : la voûte purpurine.

Boulay-Paty (Évariste).

25 Le ver luisant et le crapaud, Fable (12 v.).
Autour de lui dissipant l'ombre.

28 Le charme (10 st. de 4 v.)(1).
Le charme est un prestige enivrant et rapide.

29 A Frasquitta (12 st. de 4 v.).
Lorsque tu m'apparus, trouvant son espérance.

— A Frédéric Toussaint, ode (10 st. de 4 v.).
Va, pars, mon jeune ami! Fends la vague écumeuse!

30 Les plaisirs du rivage, élégie antique (36 v.).
La lune blanchit l'onde au penchant de la plage.

— La revue nocturne, ballade allemande de Sedlitz (10 st. de 4 v.).
Le tambour, à minuit, laisse sa fosse vide.

32 Les oiseaux de passage, ballade suédoise (7 st. de 10 v.).
Voilà tout là-haut, dans les nues.

— Sonnet.
J'aurai toujours un faible (et vous êtes ainsi).

33 La vieillesse et l'enfance (8 st. de 6 v.).
Avec ses cheveux blancs, que la vieillesse est belle.

Butignot.

04 Minuit (12 st. de 4 v.).
La nuit couvre d'un sombre voile.

05 Hymne au soleil (st. irrég.).
O Soleil! ta douce influence.

21 Le chant du passager (8 st. de 4 v.).
O passager que charme l'espérance.

(1) Pièce couronnée à l'Académie des Jeux Floraux le 3 mai 1827.

21 Le temps (3 st. de 8 v.).
J'ai vu le char du temps emporté sur la nue.

— Le bastion et le jardin, fable (39 v.).
Fille de Rome, cité fière.

— Dithyrambe sur la fin de la terre (st. irrég.) p. 275.
Livre saint où des temps Dieu marqua la durée.

22 Les tombeaux, élégie (st. irrég.).
Guide-moi, tremblante lumière.

— La rêverie, élégie (st. irrég.).
Murmure doucement, naïade...

23 La Muse et le poète, élégie (48 v.) (1).
Confidente de mon amour.

— L'Esprit follet (3 st. de 8 v.).
Blanche, on dit que dans ta chaumière.

— La mort du juste (6 st. de 8 v.).
Quelle est cette pâle victime.

24 Louis XVI, récit élégiaque (204 v.).
Il est des temps heureux où les Maîtres du monde.

— Les enchantemens (32 st. de 4 v.).
O fille de l'Enfer, l'obscurité du soir.

CARNOT (Lazare).

87 Romance attribuée à une religieuse (6 st. de 4 v.).
Quelle solitude profonde. sig. Carn.

— Fanny ou ce que c'est que d'aimer (9 st. de 4 v.).
Fanny chantait au bord d'une onde claire.

— Les deux Glycères (7 st. de 4 v.).
Combien Glycère étoit simple et naïve.

— Jamais et pourtant, conversation (7 st. de 8 v.).
Dites-moi, madame Gertrude.

88 Les Amours de mon village (8 st. de 8 v.).
Autrefois, dans mon village.

(1) Une réminiscence de cette pièce a pu faire germer dans l'esprit d'Alfred de Musset ses poèmes des *Nuits*.

88 Sophie au bocage, romance. (4 st. de 4 v.).
Arbres touffus, témoins de mes faiblesses.

89 Sophie abandonnée (st. irrég.).
Sur mon visage une affreuse pâleur.

90 Prophéties perpétuelles (3 st. de 8 v.).
Tant que la nature instruira.

— La revue des amours (8 st. de 4 v.).
Dans une île aux Amans connuë.

91 Le Temps passé, dialogue burlesque (p. 37).
Ah! bonjour, monsieur Barbichon.

92 Le fils de Vénus (5 st. de 7 v.).
Qui définira cet enfant.

CHATEAUBRIAND (de).

08 Le Cid, chant héroïque (5 st. de 4 v.).
Prêt à partir pour la rive africaine.

27 La Forêt (20 v.).
Forêt silencieuse, aimable solitude.

29 Les tombeaux champêtres. Imité du cimetière de village de Gray (105 v.).
Dans les airs frémissants j'entends le long murmure.

33 Stances sur la mort de mad[lle] Elise E... (4 st. de 4 v.) (1).
Il descend ce cercueil, et les roses sans taches.

CHÉNIER (André).

96 La jeune captive, ode (9 st. de 6 v.).
L'épi naissant mûrit, de la faulx respecté.

02 Elégie dans le goût ancien (30 v.).
Pleurez, doux Alcyons, ô vous, oiseaux sacrés.

27 Le Gondolier, imité d'un sonnet de Zoppi (12 v.).
Près des bords où Venise est reine de la mer.

31 Elégie (24 v.).
O délices d'amour! et toi molle paresse.

(1) Cette poésie est datée : A la Préfecture de police, 17 juin 1831.

31 Chant d'amour d'un enfant, imité du grec (18 v.).
Ma belle Pannichis, il faut bien que tu m'aimes.

CHODERLOS DE LACLOS.

76 Epître à Margot (96 v.) (1).
Pourquoi craindrais-je de le dire ? (sig. M. de La Cl...)

77 Epître à la Mort (140 v.).
Divinité puissante, et partout redoutée. (sig. M. de La Clos)

79 Le bon choix, conte (163 v.).
Des beaux esprits je hais la vanité. (sig. M. de La Clos)

88 Vers (sur la jalousie) (59 v.).
Quand Orosmane furieux.

02 A une dame.... (4 v.).
Comme Pâris je suis berger. (sig. le C. Delaclos).

CORDELLIER-DELANOUE.

30 La Foule, ode (20 st. de 6 v.).
Celui qui vit, qui règne, et dont la droite immense.

— Le silence (11 st. de 6 v.).
On m'a dit. — « Il est un silence.

— Sommeil (15 st. de 6 v.).
Tout est calme en sa demeure.

31 La Fontaine ardente (21 st. de 6 v.).
Lorsque viendra la nuit aux clartés indécises.

32 Le château des Tuileries, ode (st. irrég.).
Je me souviens qu'un soir, devant les Tuileries.

D'ANGLEMONT (Edouard).

29 La Tapisserie, tradition française (st. irrég.).
L'hiver règne, la nuit a déployé son ombre.

31 Au peuple de Paris (6 st. de 6 v.).
Citoyens de Paris, vous dont le bras naguère.

— Au muffoli (mouton de corse du Jard. des Plantes) (12 st. de 4 v.).
J'aime à te voir, fils de cette île.

(1) Cette épître a été corrigée par l'auteur (note de l'*Al. des Muses*).

32 Le Pacha de Coron (12 st. de 6 v.)..
Au fond de son harem, en un lieu de mystère.

— Le duc de Reichstadt (36 v.) (1).
Ennemi du vautour à deux têtes, immonde.

33 Les petits orphelins, dialogue.
Déjà fuyaient les giboulées.

DESBORDES-VALMORE (Mad[e]).

15 Romance (3 coupl. de 8 v.).
Quand l'amitié tremblante. (sig. mad[lle] Desbordes

— Le Rendez-vous (3 st. de 4 v.).
Olivier, je t'attends : l'heure est déjà sonnée. (id.)

— Le Soir (4 st. de 8 v.).
En vain l'aurore / Qui se colore. (id.)

— Le souvenir (3 st. de 4 v.).
O délice d'une heure auprès de lui passée. (id.)

16 Le retour aux champs, élégie (44 v.).
Que ce lieu me semble attristé. (id.)

18 Le pressentiment, élégie (40 v.).
C'est en vain que l'on nomme erreur. (id.)

21 L'aveu permis (3 st. de 4 v.).
Viens, mon cher Olivier, j'ai deux mots à te dire.
(sig. mad. Desbordes-Valmore)

— Elégie (44 v.).
Ma sœur, il est parti ! ma sœur, il m'abandonne. (id.)

— Conte (imité de l'arabe) (32 v.).
C'était jadis ; pour un peu d'or. (id.)

— Un beau jour (5 st. de 4 v.).
Adieu Muse ! on me marie. (id.)

22 Le petit Arthur de Bretagne à la tour de Rouen (9 st. de 8 v.).
Par mon baptême, ô ma mère. (id.)

23 L'aveugle, ou le crieur du Rhône, élégie (4 st. de 10 v.).
On avait couronné la Vierge moissonneuse. (id.)

(1) Ces iambes sont un outrage au duc de Reichstadt ; elles portent la date du 5 mai 1831.

23 Une mère, élégie, imit. de Shakespeare (104 v.).
On accourt, on veut voir la mère infortunée. (id.)

26 La vieillesse (56 v.).
Un papillon dans sa vieillesse. (id.)

27 La Novice, imité de Moore (7 st. de 6 v.).
Une jeune et blanche novice. (id.)

29 L'Ange et le Rameau (4 st. de 4 v.).
Que ce rameau béni protège ta demeure.
(sig. Mad. Marceline Valmore)

— Le Présage (47 v.).
Oui, je vais le revoir, je le sens, j'en suis sûre! (id.)

30 Le Calvaire (6 st. de 8 v.).
Puisque tu vas, Angélique. (id.)

31 Les deux ramiers (44 v., p. 115).
D'où venez-vous, couple triste et charmant.
(sig. mad. Desbordes-Valmore)

32 Le rossignol aveugle (80 v.).
Pauvre exilé de l'air! sans ailes, sans lumière, (id.)

— La Nacelle... (5 st. de 8 v.).
Nacelle abandonnée. (id.)

33 Le nom de Paganini (30 v.).
Paganini! doux nom qui bat sur ma mémoire.
(sig. mad. Marceline Valmore)

DESCHAMPS (Antony).

30 Le Poète, ode à V. Hugo (8 st. de 6 v.).
Comme autrefois Macbeth, ramenant son armée.

32 A une jeune Anglaise (2 st. de 10 v.).
Jeune fille aux yeux clairs, à la peau transparente.

DESCHAMPS (Emile).

18 Trad. d'une ode d'Horace, 16, liv. 2 (10 st. de 4 v.).
Lorsque la sombre nuit, de tempêtes chargée.

29 Le retour du châtelain.
Vous êtes plus blanche, ô ma reine!

31 1er janvier 1831 (39 v.) (p. 164).
Le baromètre à la tempête.

— La double vente (2 st. de 8 v.).
Le manteau, non pas de satin.

32 Sérénade (4 st. de 8 v.).
Nuit calme et sombre.

— Sur un album (14 v.).
Quoi! des vers signés de mon nom.

33 A Mr Ch. N*** (Nodier) (8 v.).
La poésie enflamme et colore la prose.

DIDEROT.

72 Aux femmes (6 st. de 4 v.) (p. 31).
Il n'est sotise pour vous plaire.

73 A mad. de *** (9 v.) (1).
A la tendre amitié, j'ai consacré ma lyre.

— A mad. la comtesse de *** (11 v.) (2).
Du soin de vous faire un bouquet.

74 Imit. de l'ode d'Horace: *Audivere lice* (6 st. de 4 v.).
Pourquoi troubler encor le calme de la nuit.

82 Le roi de la Fève (25 v.).
Dans ses états, à tout ce qui respire.

— Mon portrait et mon horoscope, à mad. *** (32 v.).
De la Nature enfant gâté.

— Le roi de la Fève le lendemain de son règne (32 v.).
Quand on est Roi, l'on a plus d'une affaire. (sig. D.)

02 Epitaphe d'un antiquaire, distique.
Ci-gît un antiquaire acariâtre et brusque.

06 Rondeau irrégulier (32 v.) (3).
Quand on est Roi...

(1) Sig. D... auteur de *Père de famille*. A madame de *** qui avait fait le rôle d'une prêtresse de l'amitié dans un divertissement de société.
(2) Id. Vers pour mad. la comtesse de *** qui offrit à son mari, son petit enfant pour bouquet, le jour de la fête de son père.
(3) Même pièce que celle de 1782 : Le Roi de la Fève le lendemain de son règne.

DROUINEAU (Gustave).

31 Le Soleil de la Liberté (5 st. de 11 v.) (1).
Le printemps et l'été passaient tristes et sombres.

32 Un chagrin de lord Byron (183 v.), p. 294.
Pourquoi, si ta pensée a tourmenté la mienne.

De CHATELET (Marquise).

71 Rép. à Voltaire (4 v.).
Hélas, vous avez oublié.

De DEFFANT (Marquise).

74 Couplet (8 v.).
Quand l'humeur vient me prendre.

97 Bouts-rimés (13 v.).
J'ai quatre-vingt-dix ans ; j'arrive d'Épidaure.

DUMAS (Alexandre).

29 Les derniers adieux (5 st. de 6 v.).
Aux accents solennels des cloches ébranlées.

30 A mon ami Sainte-Beuve (9 st. de 6 v.).
Moi, je ne dirai pas : j'ai peu connu la vie.

— La Néréide, élégie antique (18 st. de 4 v.).
Entends ma voix, ô blanche Néréide.

31 Reichenau... (5 st. de 10 v. et 5 st. de 4 v.).
En ces monts que couronne une éternelle glace.

33 La Grande Chartreuse, à Don Mortès, prieur (29 st. de 4 v.).
J'aurais voulu vous voir, j'aurais voulu vous dire.

ESCOUSSE (Victor).

31 Mon chant funèbre (4 st. de 8 v.).
Adieu, compagnon de voyage.

(1) Stances lues le 18 août 1830 sur le Théâtre Français.

Fabre d'Olivet.

95 La bataille de Fleurus (3 st. de 10 v.) (1).
Contre nous des rois en délire.

Foucher (Paul).

32 A une jeune femme (28 st. de 4 v.).
Tu pleures, jeune femme, oui, ton œil est humide.

Fouinet (Ernest).

31 L'Aigle (8 st. de 4 v.).
Un long serpent noir, velouté.

— Le Papillon (6 st. de 5 v.).
Comme un gazon velouté brille.

Fréron.

71 Apologie de l'Art, épître... (64 v.).
Bon jour, bon an, salut, santé.

72 A M. Morand, de l'Ac. des Sc. (49 v.).
Favori du Dieu d'Epidaure.

73 Imit. d'un morceau du IIe liv. de Lucrèce (22 v.).
Libre de vains projets et de craintes serviles.

74 Couplets (6 de 8 v.)(2).
Mais voyez donc quel tour affreux.

— Elégie imitée de l'italien (50 v.).
Toi, par qui l'Univers, reproduit tous les ans.

75 Vers sur une boîte d'or... (10 v.).
Grand Roi, qu'avec transport mon cœur reconnaissant.

— Sur Esope et La Fontaine (52 v.).
Je t'aime, ô vérité! mais ton éclat me blesse.

(1) Couplets chantés au Théâtre des Arts, par Chéron, le jour de la nouvelle de cette victoire (12 messidor).

(2) Laujon avait obtenu pour Fréron la permission d'assister à la fête donnée le 24 juillet 1773 au château de Vanves à Mad. Marie-Adélaïde ... fille aînée de Mgr le Dauphin et à mad. Elisabeth, sœur de Madame, par mademoiselle de Bourbon-Condé, fille du prince de Condé.

83 Vers prés. à la comtesse du Nord... (23 v.).
Princesse, qui venez embellir notre scène.

— Sur le portrait de M. Genest... (7 v.).
Généreux sans éclat, savant sans vanité.

85 Couplets (4 de 8 v.) chantés chez le comte d'Estaing.
Aussi-tôt que la guerre.

05 Les miracles, conte (61 v.).
Le saint qui du calendrier.

GAUTIER (Théophile).

32 Elégie (72 v.).
Ma charmante, depuis ta visite imprévue.

33 La vie dans la mort (21 st. de 6 v.).
C'était le jour des morts, une froide bruine.

GÉRARD DE NERVAL.

29 St. élégiaques sig. Louis Gerval (4 st. de 10 v.):
Ce ruisseau dont l'onde tremblante.

32 Nobles et Valets. Odelette (3 st. de 4 v.):
Ces nobles d'autrefois dont parlent les romans.

28 Faust, trad. de la dernière scène (95 v.):
Dans ce séjour d'effroy souffre celle que j'aime.

32 Une allée au Luxembourg. Odelette (3 st. de 4 v.):
Elle a passé la jeune fille.

— Le relai. Odelette (3 st. de 4 v.):
En voyage, on s'arrête, on descend de voiture.

31 Laisse-moi, sig. L. Gerval (5 st. de 6 v):
Non, laisse-moi, je t'en supplie.

32 Notre-Dame de Paris. Odelette (2 st. de 6 v.):
Notre-Dame est bien vieille; on la verra peut-être.

31 A Victor Hugo. Les Doctrinaires (62 v.), 16 octobre 1830:
Oh! le ving-huit juillet; quand les couleurs chéries.

32 La Malade. Odelette (3 st. de 6 v.):
— Oh! quel doux chant m'éveille.

28 A Aug. H....y (40 v.) :
Quand le plaisir brille en tes yeux.

32 Le Soleil et la Gloire. Odelette (4 st. de 3 v.) :
Quiconque a regardé le soleil fixement

— Le Réveil en Voiture. Odelette (3 st. de 4 v.) :
Voici ce que je vis : — Les arbres sur ma route.

GUIRAUD (Alexandre).

24 Le jeune poëte à Leucade, élégie grecque (15 st.).
Je suis venu de Mythilène.

HALÉVY (Léon).

24 A Lycoris, trad. d'Horace, ode 10, liv. I (11 v.).
Quoi tu veux demander aux devins de Syrie.

— Commode et le Gladiateur (52 v.).
Mille fois, proclamant la majesté romaine.

— Le peintre mourant (4 st. de 8 v.).
Je veux quitter cette couche brûlante.

— Epigr. (4 v.).
Fatigant, importun même aux yeux d'un ami.

26 Le vieillard en enfance (18 st. de 6 v.).
Sous le fardeau du temps quand l'âme est affaissée.

— Le jeune aveugle (3 st. de 8 v.).
Où me conduisez-vous, ma mère !

28 Le partage de la terre. Imité de Schiller (32 v.).
Mortels, partagez-vous la terre.

— Le rossignol et le berger, fable de Lessing (26 v.).
Favori des Neuf Sœurs, toi qui te plains sans cesse.

31 *La Marseillaise* de 1830 (5 st. de 10 v.).
Enfans de la France nouvelle.

— La Poésie (3 st. de 8 v.).
Elle était jeune, elle était belle.

32 Saint-Simon (27 st. de 6 v.).
Je l'ai connu, cet homme à la parole ardente.

HOLLIER (Abbé).

85 La Navigation aérienne, ode (12 st. de 10 v.) (1)
Ainsi ce Prophète intrépide,

HUGO (Victor).

19 Mes adieux à l'enfance (124 v.).
Adieu, beaux jours de mon enfance.

23 La fille d'Otaiti (10 st. de 5 v.),
Oh ! dis-moi, tu veux fuir ! et la voile inconstante.

25 Les funérailles de Louis XVIII, ode (120 v.).
La foule au seuil d'un temple en priant est venue.

26 Le sacre de Charles X, ode (17 st. de 10 v.).
L'orgueil depuis trente ans est l'erreur de la terre.

30 Lui (102 v.).
Toujours lui ! lui partout ! ou brûlante ou glacée.

31 Nouvelle ode à la Colonne (34 st.).
Oh ! quand il bâtissait de sa main colossale,

-- 4 novembre 1828 (2 st. de 6 v.).
Souvent lorsque tout dort, je m'assieds plein de joie.

33 Napoléon II, ode (16 st.) (p. 309).
Mil huit cent onze ? — O temps où des peuples sans nombre,

JAUFFRET (L.-Fr.).

95 Les souvenirs, stances à Dorothée (9 st. de 4 v.).
Viens, parcourons, ma douce amie.

96 Loiserolles ou le triomphe de l'amour paternel, romance (8 st. de 5 v.).
Des cris de mort retentissent dans l'ombre.

20 A. M. Tézenas .. (20 v.).
Jeune favori d'Apollon.

28 Le Hibou et le Papillon, fable (43 v.).
Avoir changé quatre ou cinq fois de peau.

(1) Cette pièce est un véritable dithyrambe en faveur de l'aérostation.

28 Le loup et l'âne, fable (60 v.) (1).
A l'ombre de la nuit, protectrice des crimes.

LAMARQUE (Nestor de).

25 L'Ange des dernières amours (4 st. de 8 v.).
Des rayons voilés du mystère.

— Le Torrent et le Temps (19 v.),
Par le cours d'un torrent un vieillard arrêté.

26 Les Mineurs, élégie (20 st. de 4 v.).
Le pauvre qui sur cette terre.

29 Le Pèlerin, trad. de Schiller (9 st. de 4 v.).
J'arrachai ma jeunesse austère.

— La mère infanticide (68 v.).
Déjà la voix de la prière,

30 La double agonie (9 st. de 4 v.).
J'entends du jour fatal sonner la dernière heure !

— Sonnet de Monti sur la mort.
Mort, qu'es-tu ? réponds-moi. — L'âme vile et coupable.

31 Bonaparte, fragment (6 st. de 10 v.).
L'audace dont le vol sublime.

32 La pauvre mère (4 st. de 8 v.).
Du songe à mes côtés assis.

33 Phases napoléoniennes.
Une île étroite le vit naître.

— Le duc de Reichstadt mourant (9 st. de 8 v.).
Astre naissant levé sur un empire.

LAMARTINE (Alphonse de).

21 Le lac (16 st. de 4 v.).
Ainsi, toujours poussé vers de nouveaux rivages.

22 Adieu au collège de Belles (1809) (10 st. de 4 v.).
Asile vertueux qui formas mon enfance.

(1) Cette fable très spirituelle est à l'adresse des romantiques, ce n'est, certes pas, le coup de pied de l'âne.

24 Le papillon (10 v.).

Naître avec le printemps, mourir avec les roses.

25 Vers à M. Trambly... (15 v.).

Muse aimable, fille d'Horace.

29 La perte de l'Anio, au marquis T. de Barol (146 v.).

J'avais rêvé jadis au bruit de ses cascades.

30 Stances, écrites à l'abbaye de Vallombreuse, en Toscane (août 1828) (12 st. de 4 v.).

Esprit de l'homme! un jour sur ces cimes glacées.

31 Au Rossignol (19 st. de 4 v.).

Quand ta voix céleste prélude.

— L'Hirondelle (5 st. de 4 v.).

Pourquoi me fuir, passagère hirondelle.

32 A Némésis (12 st. de 8 v.).

Non, sous quelque drapeau que la muse se range.

33 Fragmens d'une réponse aux adieux de Walter Scott (96 v.).

Ton esprit a porté le poids de ce problème.

— Adieux (17 st. de 8 v.).

Si j'abandonne aux plis de la voile rapide.

Lassailly (Ch.).

31 Les tristesses de mon âme (196 v.).

Vous me parliez, madame, un soir que nous avions.

— Sonnet, hommage.

A toi, qui descendis, jeune encor, dans l'arène.

32 Hommage à Lamartine (20 st. de 6 v.).

Dieu merci, je me sens âme assez forte en moi.

— Caprice (6 st. de 6 v.).

Louise, l'amoureuse / De pudeur mal peureuse.

— Le retour du Sylphe (16 st. de 8 v.).

Après de si longs jours d'absence.

Latouche (Henri de).

25 A un poète (54 v.).

Qui? moi! d'un crayon rouge, attribut d'un censeur.

Le Flaguais (Alphonse).

32 Sympathie (65 v.).
Mon bel ange, assieds-toi sur ce fût renversé.

33 Mes derniers vers peut-être, mélodie (14 st. de 4 v.).
De printemps en printemps et d'orage en orage.

Lemercier (Népomucène).

22 Fragment d'un poème sur Moïse (80 v.).
Hélas! un souffle impie a corrompu ta race.

26 Les quatre âges (4 st. de 4 v.).
Comme Zéphire épris de la rose.

33 Leçon morale, aux poëtes de nos temps (4 st. de 8 v.).
Plus que héros et rois armés de leur tonnerre.

Linguet.

85 Epitre à mad. de *** (46 v.).
Ce grand Socrate, à soixante-dix ans.

94 Le suisse qui n'est pas dupe (14 v.).
A sa taverne, un suisse catholique.

— Epigramme (8 v.).
On demandait à sire Charles-le-Rond.

Louis XVIII.

30 Ode d'Horace (liv. I, ode 13) (9 st. de 6 v.).
Quand, parjure à la foi de l'hospitalité.

32 Ode d'Horace (liv. I, ode 28) (2 st. de 4 v.).
Je hais tout l'appareil du Perse fastueux.

33 Le petit Prince et les cartes (24 v.).
D'un beau poupon royal la majesté future.

Maquet (Auguste).

32 Séville (31 v.).
Oh! que trouver de mieux, de plus gai que Séville.
(sig. Auguste Mac Keat)

— Fin d'été (46 v.).
Quand l'automne viendra, qu'il fera froid le soir. (id.)

Maupertuis (de).

65 (1) Couplets faits pour une jeune Lapone, dans un voyage au pôle (4 st. de 6 v.).
Pour faire l'amour ; En vain l'on court.

70 Quatrain écrit sur le collier d'un chien.
D'Iris je suis le chien fidèle.

Mercœur (Elisa).

33 Élégie (3 st. de 4 v.).
Voyez-vous ce beau ciel, ces lacs bleus qu'il colore.

Montesquieu (le président de).

74 A mad. la marquise de B*** (10 v.).
Boufflers, vous avez la ceinture.

Nodier (Charles).

29 L'élu et le damné (72 v.).
Un patient mourait sur la croix du supplice.

Polonius (Jean).

29 Stances (4 st. de 8 v.).
Ce qu'en mon âme a laissé ta présence.

— L'exil d'Apollon (27 st. de 4 v.).
Apollon dans l'exil végète sur la terre.

— Stances (5 st. de 6 v.).
Il est de ces moments où mon âme craintive.

30 Le cimetière de Fulham (13 st. de 4 v.).
Champêtre cimetière, asile du sommeil.

— Ixion, ode (14 st. de 10 v.).
Sur une roue infatigable.

31 Stances (4 st. de 4 v.).
Ne crois pas mon esprit, aveuglé par l'amour.

Raiecki (Comte).

83 Epître à M. Blanchard sur son bateau volant (142 v.) (1).
Mon cher Blanchard, je vous devine.

(1) Cette épître est curieuse. Raiecki dissuade Blanchard de voler et prévoit les bouleversements de toute nature qu'apportera l'aérostation.

84 Aux navigateurs aérostatiques (70 v.).
Honneur à l'Aérostatique.

85 Petits vers à un grand médecin (182 v.).
Dispensateur de la santé.

86 Vers sur le renouvellement de l'année (28 v.).
Dès que l'astre du jour a fini sa carrière.

87 Stances sur l'illusion (9 st. de 8 v.).
Bienfaisantes illusions.

RIVAROL (Comte Antoine de).

86 Epitre au roi de Prusse (122 v.).
Tu croyais donc, grand Roi, que ton puissant suffrage.

02 Vers à une jeune ignorante (20 v.).
Vous dont l'innocence repose.

05 Sur l'amitié (4 v.).
Tendre amitié, sous votre doux empire.

— Epigramme (8 v.).
Armande a pour instinct l'horreur de la satire.

10 Portrait de Frédéric II (4 v.).
Poëte conquérant, sage voluptueux.

ROUSSEAU (Jean-Jacques).

71 Epitaphe de deux amans qui se sont tués à Saint-Etienne-en-Forès au mois de juin 1770 (4 v.) (p. 22).
Cy gissent deux amans, l'un pour l'autre ils vécurent.

79 Enigme dont le mot est portrait (4 v.).
Enfant de l'art, enfant de la nature.

80 A la ville de Lyon, sur ses manufactures (26 v.).
Ouvrages précieux, superbes monumens.

96 Impromptu à Mad. Dupin, 1751 (4 v.).
Raison, ne sois point éperdue.

SADE (Marquis de).

94 Vers pour le buste de Marat (4 v.).
Du vrai Républicain, unique et chère idole.

SÉGALAS (Anaïs).

32 La jeunesse (11 st. de 6 v.).
Tendre fleur, qu'en fuyant chaque minute effeuille.

33 La jeune fille mourante (11 st. de 6 v.).
Comment me délivrer de cette fièvre ardente.

— La petite fille (11 st. de 6 v.).
Poursuis dans les jardins tes compagnes bruyantes.

TURGOT (Contrôleur général).

93 Sur Frédéric-le-Grand (1758) (8 v.).
Ce mortel profana mille talens divers.

— Fragment de Michel et Michaut, poëme dans le goût du *Pauvre Diable*, contre quelques membres du Parlement de Paris, 1769 (36 v.).
On distinguoit dans la cohorte noire.

— A l'abbé, depuis cardinal de Rohan.... 1757 (21 v.).
Des nœuds par la prudence et l'intérêt tissus.

96 Traduction de la prière universelle de Pope (13 st. de 4 v.).
Père de tout, ô toi qu'en tout temps, en tout lieu.

VIGNY (Alfred de Vigny).

32 Le bateau (2 st. de 8 v.).
Viens sur la mer, jeune fille.

WALDOR (Mélanie).

30 Marie (19 st. de 4 v. et 1 st. de 5 v.).
O mon Dieu! c'est bien lui... lui qui m'a tant aimée.

— Une bergère jouant avec un chevreau (7 st. de 10 v.).
Sur la colline, où dès l'aurore.

— L'inconstant (14 st. de 6 v.).
Pourquoi me fuyez-vous? pourquoi votre sourire.

31 L'Amour et l'Ambition (12 st. de 4 v.).
C'est une triste chose, alors qu'on l'envisage.

Liste des auteurs dont les pièces (titre et premier vers) ont été dépouillées.

TABLE GÉNÉRALE DES MATIÈRES

CHARTRES. — IMPRIMERIE DURAND, RUE FULBERT (9-1918).

www.ingramcontent.com/pod-product-compliance
Ingram Content Group UK Ltd.
Pitfield, Milton Keynes, MK11 3LW, UK
UKHW020243180726
13839UKWH00001B/151

9 782329 199542